瑜伽史上伟大的导师　20世纪值得聆听的声音

胜王瑜伽

राजायोगा

（印）辨喜 著
周小丽 冀文珍 译

古典瑜伽　梵我合一

中国华侨出版社
北京

译 序
辨喜：20世纪最耀眼的流星

辨喜，印度伟大的民族英雄、全球化时代最早的亚洲思想家、第一个在西方讲授瑜伽和冥想的人，无数大师、伟人和人们眼中的圣人。他的生命旅程就像一颗流星，虽然短暂，却散发出耀眼的光芒。从1893年参加世界宗教会议到1902年在加尔各答去世，他在世界舞台上活动的时间十分的短暂，但是，他却在这短短的时间里大放异彩。

辨喜原名那兰特拉纳特·达特（Narendranath Datta），法名斯瓦米·维韦卡南达，辨喜是他的法名的意译，这个名字是他自1893年出国后才使用的。

1863年，辨喜出生于加尔各答，他的父亲是加尔各答高等法院的一位律师，受西方文化影响很大，母亲则信仰印度教，家中条件还算富有，属于刹帝利（武士）种姓。（注：种姓制度是雅利安人进入印度之后创立的。“种姓”这个词儿是从梵语“Varnā”翻译过来的，它的原来的字义是“颜色”或“品质”。照他们的说法，肤色白的雅利安人是品质高贵的种族，深色皮肤的达罗毗荼(Dravida)族和其他土著民族是品质低贱的种族。这种制度原来是用以划分雅利安人和非雅利安人的界限的。后来随着工作和职业的分化和发展，本来用以划分雅利安人和非雅利安人的种姓差别，也在雅利安人自己中间起了分化，于是有了四个种姓的划分。最高的种姓是婆罗门(Brāhmana)，是掌握祭祀文教的僧侣阶级，到后来婆罗门也可以当国王；其次是刹帝利(Ksatriya)，是掌握军政的国王和武士阶级；其次是吠舍(Vaisya)，是商人、手工业者，也有从事农耕的农民阶级；最下的种姓是首陀罗(Sūdra)，是农人、牧人、仆役和奴隶。前三者是雅利安人，后者是非雅利安人。各种姓有它的世袭的职业，不许被婚姻混乱，尤其严禁首陀罗和别的种姓混乱。小时候的辨喜十分的顽皮，对骑马、摔跤和游泳十分感兴趣。从小时候开始，辨喜就表现出他后来的一些特性：积极主动、追求卓越、热爱独立思考、永不满足等等。在和他同龄的孩子中间，他仿佛是一位天生的领袖。

然而，进入青年时代的辨喜立刻发现自己进入了一个两难的境地，一方面，他受西方文化的影响比较深。1883年，他毕业于印度加尔各答省立学院，第二年又转入市立学院攻读法律。大学期间醉心于西方哲学和逻辑学，曾把斯宾塞的《论教育》和《基督的模仿》译成孟加拉文，接受了无神论思想。学院的院长这样评价他道：“特拉纳特是一位天才，我走过这么多地方，从没遇见这么有才华的青年，哪怕是在德国的大学里，他日后必定能成为一位巨人。”

然而，另一方面，他却又对印度的传统和伦理十分注重，非常敬仰印度的圣人。从很小的时候起，他就有了一些神秘经验预兆，这成为他后来生活的一部分。最初，他参加了当时颇有影响的梵社的宗教和社会改革活动，但因该社“只能自助而不能助人”而退出。他对灵性的渴望一直没有得到满足。

于是，他决心去拜访加尔各答那些有名的灵性导师，他问这些导师：“你们见过神吗？”他当然不会满足于那些回避或者虔诚的声明，他需要的是一个明确的答案，但是，这个答案没有人能告诉他。直到他遇见了那个人，那个改变他一生，也改变无数人一生的人，他的上师——室利·罗摩克里希那。

1881年的某一天，辨喜在几位朋友的陪同下从西门进入室利·罗摩克里希那的房间。罗摩克里希那仿佛看到了注定能把他的福音传遍全世界的人，情不自禁，泪流双颊，说道：“你姗姗来迟！怎么忍心让我如此苦苦等待。我的耳朵几乎听不到凡俗之人的聒噪。我多么盼望把我的心思吐露给能感受我内心深处体验的人。”接着，罗摩克里希那站在辨喜面前，两手交叉，开始向他讲道：“主，我知道你是古代的圣贤那罗(Nara)——那罗延天(Narayana)的化身，投生世间是为了消除人类的苦难的。”

关于这次见面，辨喜自己回忆道：

我想："他真是一位伟大的上师吗？"我轻轻地走近他的身边，并问他那个在我心中已经很久的问题："先生，你见过神吗？"罗摩克里希那对我说："是的，我见神就和我在这里见到你一样，只是我用一种更加强烈的意识。""神可以被我们所认识，人们可以和神交谈，就像我们现在相互交谈一样，但是谁会关心这些呢，人们为了自己的妻儿、财富而泪流满面，可又有谁为了神这样去做呢？"他的这一席话深深地震撼了我，我第一次遇见说自己能见到神的人，我感觉他不是一般的宣教士，而是一位真正省悟的导师。

很快，他又再次访问罗摩克里希那，对于第二次访问，辨喜后来回忆道——

我发现他（指罗摩克里希那）独自坐在一张小床上，看到我很高兴，亲切地叫我坐到他的身边……但一眨眼的工夫，把他的右脚放在我的身上，这使我立即产生一种新奇的体验。我睁开眼，看着墙壁和房间中的一切正快速旋转并且消失到虚无之中，整个宇宙连同我个人都正消融到裹挟一切的虚无之中！我非常恐惧，想到我将面临死亡，因为个人的消失意味着一切的消失。我情不自禁地叫道："您对我干了些什么？我父母尚健在！"他听了我的话，笑声朗朗，轻轻地抚摸我的胸说："好了，现在可以平息了。一切都会及时到来的。”他一说完这句话，我的新奇的体验便即刻消失了。我的神，我和我的身体重新合一，我又回到了我自身，并且发现屋内屋外都与以前一模一样，没有变化。

又过了几天，辨喜第三次访问室利·罗摩克里希那，这次他心头所有的疑虑都没有了，不久后，他就正式成为了罗摩克里希那的弟子和朋友。（注：罗摩克里希那，印度近代最著名的宗教改革家，Rmakrishna Paramahsa原名竭达陀尔·查特吉。生于孟加拉一个贫穷的婆罗门家庭，幼年丧父，与其兄在加尔各答附近达其内斯瓦尔时母庙出家为僧。17岁时担任祭司职务，此后终身从事印度教的改革和宣传活动。从未受过系统的教育，其宗教知识大都从印度民间学者的口授而得。他善于以民间寓言和幽默谚语阐述自己的宗教和哲学思想。罗摩克里希那继承印度传统的吠檀多“不二论”思想,认为世界的最高本质是无形式、无属性的梵，即绝对存在，万物皆为梵的显现。他在印度教的基础上提出“人类宗教”的思想，认为世界上各种宗教所信仰的神都是同一个实体，只不过名称不同；各种宗教的目的都是一致的，都是要达到人与神的结合，实现普遍之爱和美好的生活。他主张不同宗教信仰的人联合起来。他死后，其弟子辨喜在加尔各答建立“罗摩克里希那传教会”。目前，这个传教会不仅在印度各地，而且在东南亚和日本、英、美等国都有活动中心。）

尽管罗摩克里希那来自偏远的孟加拉农村，并且是个文盲，但他打破不同教派藩篱而着眼本质的传奇性的灵性实践，以及对深奥哲学深入浅出的理解和阐述，让辨喜深深折服。罗摩克里希那的出现，使辨喜的人生开始发生重要的转变。

辨喜21岁那年，他的父亲去世了，这时的他正在上大学，由于父亲的离世，家庭开始变得贫穷，入不敷出。为了找工作，他受尽社会的冷眼和歧视，他经常一个人流落街头。他说："我差点被饿死，我赤脚从一个地方走到另一个地方，亲自领受到了什么是世态炎凉。这是我第一次走入现实生活，我发现这个世界简直没有穷人、弱者和遗弃者的落脚之地，创造这个世界的简直是魔鬼。"

大学毕业后，他原本想做一名法官，然而，在老师的影响下，他决心献身于印度的宗教和社会改革运动。

1886年到1893年，辨喜作为一名托钵僧，开始在印度全境内云游。最开始，他的云游是短期的，从1890年开始，他连续过了三年的云游生活，而且远离了之前的朋友和伙伴。这七年的生活对他的一生有着非常深远的影响。

这七年中发生了各种各样的趣事，他在后来的演讲中总是时不时地提到，在他成为世界名人后，那些他遇见过的人很多也纷纷写文章回忆与他的相遇。他在印度境内的云游历程达几千公里，而且基本上是徒步。他的身上基本上不带钱，完全靠遇见的人供养他。这七年里，他渐渐地了解了各种人，从挣扎在生死线上的贫穷农夫到富裕的王子，从只为生计劳碌的底层百姓到伟大的圣哲，从北方群山和沙漠里生活的人到南方热带生活的人。后来，一位传记作家如此写道："这是一次伟大的起程，如同一位潜水员跳进印度洋，海水淹没了他的踪迹。如同海面的漂浮物一样，他只是印度千百个托钵僧中的一个。但是，天才之火在他心中燃烧。他是一位圣者，尽管这一切尚未显现。"

在开始云游时，他就已经感觉到自己将成为一位伟大的导师，让印度的灵性再生。然而，云游让他看到了真实的印度：人们极度贫困，英国人和印度上层种姓对下层种姓种种迫害，他明白他一生工作的关键应该是大众教育和社会福利。

1892年12月末，他被各种问题困扰了三天，那时他云游到了印度最南端的科摩罗，在那里他冥想了三天，他预感到非常有必要提高印度穷人的生活水准。同时，他认为更重要的是西方确实需要学习亚洲世界的灵性。过了几个月，他到达马德拉斯。他梦见导师罗摩克里希那轻易地越过海洋向他召唤。这时，一些热情的年轻人开始为他的云游筹款，他从一个公主那里得到了一大笔的捐助。这时，人们隐约得知在美国的芝加哥有一个宗教会议要召开，尽管不知道具体的日期，但是，他决心一定要去参加这次宗教会议。

这将是一次载入史册的旅行，1893年5月31日，他从孟买上船，取道中国和日本，前往北美。他在加拿大的温哥华上岸后，于7月30日乘坐火车抵达芝加哥。

到达芝加哥后，他才得知宗教会议将在9月11日召开，没有官方介绍信，任何人都不能作为代表注册，而且，代表注册的时间也已经过了。也就是说，他必须依靠所剩不多的费用等待两个月。

为了节省开支，辨喜前往生活费用较低的波士顿，在那里结识了哈佛大学的希腊文教授怀特（J. H. Wright）。当怀特得知辨喜不能作为正式代表与会的情况，就给他的朋友，世界宗教会议的代表遴选委员会主席写信说道："此人比我们所有博学的教授加在一起还要博学。"并交给辨喜一封介绍信和一张去芝加哥的火车票。不幸的是，到达芝加哥后，辨喜将委员会的地址弄丢了。雪下得很大，天也快黑了，他只好在放行李的一个包装箱中度过了一夜。第二天开始沿街乞讨，又饿又累，坐在路边休息，这时对面的高楼中走出来一位妇女，带辨喜回了家，给他食物，并帮他联系上了宗教会议的人。

1893年9月11日上午10点，世界宗教会议正式召开。作为当天最后一位发言的人，他在演讲开头就说道："美国的兄弟姐妹们。"现场数千听众对这一开头反应非常奇特，人们报以长达两分钟的鼓掌和欢呼。

当时波士顿的一家报纸说道："人们见到了一个最吸人眼球的人——辨喜——他用一口流利的英语，回答所有人的提问——他在会议上的演说如同我们头上的天一样宽广。"

辨喜的演讲以其开阔的心胸和精神信仰打动了与会代表，他成了宗教会议上最受欢迎的人。

随后，辨喜在美国做了"人类宗教"等演讲，受到了美国舆论界和学术界的高度关注，认识了许多著名人物。他会见虔信者，也和其他各种各样的人打交道。他总是留给人非常深刻的印象。1894年，他和当时的著名富豪约翰·洛克菲勒(John D. Rochfeller)会面就是一例。对于这次会面，一位见证者叙述道：

洛克菲勒多次听朋友说起有一位叫辨喜的神奇印度僧人，他几次被朋友邀请与辨喜见面。然而，因为种种原因，他每次都推辞了朋友们的请求。那个时候的洛克菲勒尽管还没有达到他人生中的财富之巅，但已经是一个十分强大和固执的人了，任何人都难以劝说他。

然而，有一天，尽管洛克菲勒还是不想见辨喜，但他却被一种莫名的冲动驱使着，直接来到朋友的家里，把打开门的管家推到一旁说，他想见那位印度僧人。进了起居室，不等禀报，径直走进相邻的辨喜的房间。

让洛克菲勒吃惊的是，坐在书桌后的辨喜头也没抬，似乎无视他的到来。过了一会儿，辨喜告诉了他许多除他自己之外别人都不知道的他过去的一些事情，让他明白他所积累的财富都不是自己的，他只是一个通道，他的职责是向世界行善——上帝给予他的一切财富是让他有机会帮助别人。

洛克菲勒对以这样态度和他说话的人非常恼怒，因为从来没有人敢以这种方式向他讲话，告诉他应该如何做事。他气冲冲地离开了房间，甚至连一声再见都没说。

但是，过了一个星期后，洛克菲勒不请自来，进入辨喜的房间。看到辨喜还与上次见面一样无视他的到来，就将一张纸扔在辨喜的书桌上，上面写着他向公共机构捐赠一大笔款的计划。然后，对辨喜说："好吧，现在你一定满意了吧！你应该为此好好感谢我。"

辨喜一动也不动，甚至都没有抬眼，他拿起那张纸，静静地读完后说："你应感谢我才对。"

这是洛克菲勒对公众福利捐赠的第一笔巨款。

在美国期间，辨喜游历各地，做了数十次演讲。但他感到如果不能吸引一批虔诚的信徒专心投入修炼，印度的哲学思想是不会在这里扎下根的。他便在纽约找了一个安静的地方免费教授。

在讲授过程中辨喜常常进入禅定状态，需要很久才能回神。辨喜教授学生们王瑜伽(Raja-Yoga)，并辅之以智瑜伽(Jnana-Yoga)的讲授。他特别强调一些修习瑜伽的必要前提，诸如简单而有节制的食物等物质需求和生活习惯、内心的清净、禁欲、不与恶人交往等。

辨喜的讲授活动受到热烈的欢迎，以致在极短的时间内，许多著名的物理学家、生理学家和心理学家都对王瑜伽极感兴趣。1895年6月，辨喜口授作品《王瑜伽》出版了，这本书受到美国知识分子的热烈追捧，出版几周后就再版三次。著名的心理学家，哈佛大学的威廉·詹姆斯(William James)教授为此特意赶到辨喜在纽约的寓所并由此成为他的热烈崇拜者，将辨喜视为吠檀多哲学的杰出体现者。

1896年，辨喜创立了纽约吠檀多研究会（the Vedanta Society of New York）。这是一个非宗派的组织，旨在传播和实践吠檀多思想，并将其原理应用到一切宗教中去，其口号是——宽恕共存，接纳一切宗教。不同宗教的人们都可以不用改变其信仰而登记为本会的成员。辨喜旨在为东西方思想交流搭建一个平台，他坚信西方的科学与东方的哲学会携起手来，因为最终东西方会融合在一起。他断言科学与吠檀多的结合是未来人类的理想。

这一年，辨喜在美国成功的消息传到了印度，他已经不再是一名云游四方，不为人知的托钵僧了，他在西方为印度所做的工作成为印度国内路人皆知的事情。

1897年，辨喜满载着巨大的荣誉回到祖国，整个国家都沸腾起来，人们以最高礼仪迎接这位英雄儿子，他在世界宗教会议上大获全胜并且在西方世界里传播吠檀多神圣理想，掀起了一场印度旋风，为祖国争光添彩。

1897年5月，辨喜召集他的道院兄弟和在俗兄弟开了一个会议，他告诉大家，如果没有一个组织，很多事情都难以坚持下去，他倡议组建一个以导师为名的协会，即罗摩克里希那修道会。罗摩克里希那修道会从此诞生，这是一个纯粹的以灵性和人道主义为宗旨的传道会，与政治无关。1898年初，修道院在加尔各答附近的贝勒开始动工，1898年12月9日，修道院建成完工。1899年1月，修道士们迁往新址，即著名的贝勒道院，也是罗摩克里希那修道会的总部，今天，这里依然是印度最主要的教育和宗教中心之一。罗摩克里希那修道会也成为印度最受尊敬的组织之一，除了宣扬导师有益于人类的教训，并与印度不同宗教建立友谊，实现"人类宗教"的理想，该教会还切实帮助了很多贫苦阶层解决生活困难，以及扫盲等。

在此期间，由于长期的旅行和高强度的工作，辨喜的身体几乎到了崩溃的边缘，他得了严重的哮喘病。

1897年6月，辨喜再度出访西方。第一次访问西方时，辩喜为西方高度发达的物质文明、组织效率和科学成就所震撼，对美国和欧洲表面的民主很是欣赏。但第二次访问却留下了相反的印象。他发现了西方对财富与权力的贪得无厌和自我扩张中的残酷的竞争。他看到一种潜在的悲剧，在对能量的不自然消耗掩盖之下的一种可怜的疲惫，一种轻浮面具之下的深层的悲哀。

辨喜一直想在喜马拉雅山寻找一个僻静的地方建立一所寺院，让来自东方与西方的信众能够在一种道友的精神气氛中共同修行。久寻未果，最后弟子们在距艾尔摩拉 (Almora) 50公里、海拔6800英尺的地方选择了一块地，由此处可以观赏喜马拉雅山千年不化的雪景。1899年3月19日，导师罗摩克里希那生日这一天，"不二论"道院 (Advaita Ashram) 终于落成。为了方便来自世界各地、属于不同信仰的人们不受任何阻碍地开展他们的精神修习，辨喜特别规定，道院内不许设置任何圣像、神像或标志，也不进行任何宗教仪式。

1901年，两位来自日本的佛教徒来到道院邀请辨喜参加在日本召开的宗教会议，因为身体的原因，他没有接受邀请，但是，辨喜陪同他们去了菩提迦叶，这是辨喜最后一次去佛陀的觉悟之地，1886年，他的第一次独立朝觐之地也是这里。在辨喜的一生中，佛陀一直是他的灵感之源。

他的身体日渐不支，他明白自己的时间不多了。1902年的7月4日，他起得特别早，和往常相反，他独自去神殿冥想了三个小时，中午他没有独自在房间用餐，而是和道院的成员一起吃了午餐，下午，斯瓦米·斐玛南达和他外出走了走，两个人一起谈了很多，关于道院的未来，关于印度的兴衰等等。

晚上7点，神殿的宣告敬拜结束的钟声响起，他回到房间，并让门徒不要接近他。他冥想和念诵了一个小时，然后静静地躺在了床上，随从以为他在睡觉或者冥想，过了一个小时，他的手微微抖了一下，他深深地吸了一口气，两分钟后又深深地吸了一口气，然后，他停止了呼吸。他正好如自己预想的一样，活了39岁5个月零4天，没有活到40岁。

辨喜曾预言中国文化必将像“凤凰一样”获得新生，担负起“综合西方和东方”文化的伟大使命。1893年，辨喜前往美国参加在芝加哥召开的世界宗教会议，路经中国时访问了广州。当他看到广州一座寺庙的一面墙上镌刻着梵语经文时惊喜不已。辨喜在他的言论和著作中经常提及中国，并给予了很高的评价。他说，中国人是孔子的门徒，佛陀的弟子，他们的道德是非常严格和高尚的。1894年，在伦敦的一次招行会上，辨喜公开发言："我曾经在中国和日本旅行。今天，中国虽然像一个无组织的团体，但是在它伟大的盛年时期，它拥有任何国家所不知的、最可羡的组织。我们称之现代的很多技巧和创造，在几百年甚至在几千年以前的中国人那里就已经使用了。"

辨喜曾说：

世界的苦难不能单靠物质力量来治疗，除非人性得以改变，否则，这种物质需要将会不断提高，从而苦难也将会不断地感受，因为，不管有多大的物质帮助，也不能彻底地救治人们的苦难，这个问题的唯一解决方法是要使人类变得纯洁。

辨喜的生命虽然短暂，但是却启发了无数人的生命，像流星一样照亮了人类的夜空。从参加宗教会议到去世，这短短的10年中间，他创建的道院今天已经成为印度最受尊敬的组织，在全世界拥有无数的成员，他的著作被翻译成十几种语言，在世界各地，大量学校、医院和公共建筑都以他的名字命名，他被无数人视为圣人，更是无数人眼中最伟大的灵性导师！

世界各国名人对辨喜的赞誉

默罕德斯·甘地（印度圣雄）

我已从头到尾通读了他的作品，看完它们之后，我对祖国的爱增加了一千倍。

（默罕德斯·甘地（1869～1948），尊称圣雄甘地，是印度民族主义运动和国大s党领袖。他既是印度的国父，也是印度最伟大的政治领袖。他带领国家迈向独立，脱离英国的殖民统治。他的“非暴力”的哲学思想，也就是他说的“satyagraha”，影响了全世界的民族主义者和那些争取和平变革的国际运动。）

钱德拉·鲍斯（印度激进独立运动家）

他对牺牲毫无顾虑，他的活动永不停息，他的爱永无止境，他的智慧深远而丰富，他的情感激越迸发……我可以继续往下写几个小时，然而这样还是无法对这位如此伟大的人作出哪怕最小的公正评述。他是如此伟大，如此深奥，如此综合。在与真理直接交流方面，他是一位达到最高境界的瑜伽修炼者，他为提高人类的道德和精神修养奉献了他的整个一生。

他融合了东方和西方，宗教和科学，过去和现在。这就是他为什么伟大。我们的国民已从他的教导中获得空前的自尊、自立和自信。这就是我将要对他的评述。如果他还活着，我将跪拜在他的脚下。

（钱德拉·鲍斯（1897~1945），印度的激进独立运动家，政治和社会活动家，原印度国民大会党左派、印度民族解放运动的领导人之一，也是自由印度临时政府的领导人，以及印度国民军的最高指挥官。）

加瓦哈拉尔·尼赫鲁（印度第一任总理）

他根植于过去，充满对印度声望的自豪，然而在对待生活问题的方法上辨喜仍然是现代的，他是印度过去和现在的一种桥梁……他的到来，对消沉和低落的印度精神来说，像一副振奋剂，给她以自立的根基。

你能到哪里找到像他这样的一个人？学习他所写的作品，领会他的教导，如果你这么做，你将获得无限的力量。要充分利用通过他而喷涌的智慧、精神和激情之火的源泉！

（尼赫鲁（1889~1964）印度民族主义运动领导人，国大党领袖，印度独立后第一任总理（1947~1964）。）

巴尔·甘卡哈尔·提拉克（印度著名民族主义者）

辨喜是第一个高举印度教的旗帜来回应西方物质科学的挑战的英雄。正是他第一个肩负起在跨越边界的不同国家建立印度教的荣光这样一个令人惊叹的任务。而他，以他的博学、雄辩、热情和内心的力量，为这项任务奠定了牢固的基础。1200年前，善卡拉（Shankara）是唯一不仅宣扬我们宗教的纯洁性，而且把这一切完全付诸行动的伟大人物。辨喜就是一个具有这样价值的人。

（巴尔·甘卡哈尔·提拉克（1856~1920），印度著名民族主义者。）

拉达克里希南（印度前总统）

他体现了这个国家的精神。他是他的崇高理想及其实现的象征。这种精神通过我们信众的圣歌、我们智者的哲学和我们普通民众的祈祷表达出来。他是印度永恒精神的表达者和代言人。

（拉达克里希南，印度哲学家，政治家。曾担任迈索尔大学和加尔各答大学的哲学教授、安得拉大学和贝拿勒斯印度教大学的副校长、牛津大学斯波尔丁东方宗教和伦理学讲座教授。印度独立后，他曾担任印度驻苏联首任大使，印度共和国副总统和总统等职。）

英迪拉·甘地（印度前总理）

我特别荣幸地听人们说起辨喜的作品、演讲和生活，那是当我还很小的时候，我可以说，在我们的政治工作中，正如在我们的日常生活那样，他的话语激励着我们的所有人。

（英迪拉·甘地（1917~1984），从1966年到1977年她任印度总理。她是印度第一位总理加瓦哈拉尔·尼赫鲁的女儿。）

斯里·奥罗宾多（著名哲学家）

辨喜是一种力量的灵魂，是人群中的勇猛狮子，但他留下来的有界限的工作与我们所能感觉到的他的创造性力量和能量是绝不可比拟的。我们感到他的影响力依然在发挥巨大作用，我们并不确切知道他的影响力怎样，以及在哪里，对一些尚未形成的事情，还有一些如狮子般强大、壮观、直观和剧变的事情注入印度的灵魂，我们说，“看，维威卡南达依然活在他的母亲和他的孩子们的灵魂中。”

（斯里·奥罗宾多，印度哲学家。印度早期民族解放运动领袖。）

基督·克里希那穆提（著名灵性导师）

我所追寻的上帝是无所不在的，我不准备去阿马那斯了。有人说我这样是不对的，我应该去的，因为辨喜上师也去过。

（基督·克里希那穆提（1895~1986）20世纪最卓越、最伟大的灵性导师之一，天生具足多样神通。被印度的佛教徒肯定为“中观”与“禅”的导师，而印度教徒则承认他是彻悟的觉者。）

阿瑟·列维林·巴沙姆(印度著名历史学家)

在整个印度历史中，辨喜将作为最重要的人物之一而被记住。自从在东南亚和中国游历的印度传教士传播佛教和印度教的时代以来，已超过一千多年，他是第一位印度宗教导师在印度之外做出这样的影响。

在世界历史的范围里，很难估价他的重要性。毫无疑问，他的重要性远远大于任何西方历史学家或者大部分印度历史学家在他去世的时代所提议的。自那时以来，随着岁月的流逝和许多令人震惊和想象不到的事件发生，在将要到来的几个世纪，尤其就亚洲来说，他将被作为现代世界的主要奠基者之一和作为整个印度历史中最重要的人物之一而被铭记。

（阿瑟·列维林·巴沙姆，印度历史学家，1985年9月被任命为加尔各达亚洲协会东方研究会的辨喜研究教授。）

瑟尔·约翰·伍德罗夫(美国著名东方学者)

我最敬佩辨喜的品质是他的活力、男子汉气概和勇气……他不仅说，而且行动。为此，所有人都必须尊敬他，他无论是成为他们自己的宗教信仰、价值、忠诚、真理和勇气，这些都是每一个高贵人物的象征。

（瑟尔·约翰·伍德罗夫（1865~1936），以他的笔名阿瑟尔·

阿瓦伦而闻名，是一位美国东方学者，他的作品有助于激发西方人对印度哲学和瑜伽练习的深厚和广泛的兴趣。）

拉宾德拉纳特·泰戈尔（印度著名诗人）

辨喜说，在每个人身上都有神力，神想要通过穷人来获得我们的供奉。这就是我所说的福音。这个福音从人类微小的自我中心那里指出一条超越所有自私束缚的、无限自由的道路。这既不是有关一个特殊仪式的布道，也不是强加于一个人外在生活的狭隘禁令。辨喜的福音标志着人类在他的完满方面的觉醒……如果你想要了解印度，那就研究辨喜。

（拉宾德拉纳特·泰戈尔（1861~1941），印度著名诗人。）

罗曼·罗兰（法国著名作家）

他的话语是伟大的音乐，其语言气势仿佛是贝多芬的风格，激越的韵律又像亨德尔的进行曲。三十年来，每当我接触到他的这些话语时，我的身心像触电那样震颤。当前的印度领导：甘地、奥罗宾多和泰戈尔都是在天鹅（罗摩克里希那）和鹰（辨喜）双重星座的影响下成长、开花和结果——这是甘地和奥罗宾多都公开承认的一个事实。

每当碰触这些通过三十年前的书散播出来的话语，我就感受到好像身体触电那样的震颤。所有震颤、所有电流一定是从这位英雄的嘴唇中流出的火热话语所产生！

（罗曼·罗兰（1866~1944），法国著名作家，音乐评论家。）

威廉·詹姆斯（美国心理学之父）

所有一元论体系的典范是印度的吠檀多哲学，吠檀多主义传教士的典范是最近的辨喜，一些年前他曾访问我们的国家。我只是在英国读到辨喜的一些演讲，我还不怎么领会它们。这个人纯粹是演讲界的一个奇迹……他是人类的一个荣誉。

（威廉·詹姆斯（1842~1910）是美国心理学和哲学的先驱。他在年轻的心理科学、教育心理学、宗教体验心理学和神秘主义，以及实用哲学等方面写了极有影响力的著作。）

对本书的赞誉

一本对“胜王瑜伽”解释最清楚的著作!

——沃尔特·欧·科尼克

这本书虽深奥,但容易理解。它对精通胜王瑜伽的人及胜王瑜伽的新手同样有价值。本书用一个介绍胜王瑜伽的“八步骤”作为开始,以便解释诸如禅定(Dhyana)和三摩地(Samadhi)等更为复杂的概念,一切都阐述得简明而易懂。所有这一切使这本书成为目前为止最好的“胜王瑜伽”著作。然而,真正使这本书脱颖而出的,是辨喜向读者发表的直接方式的演说。他演说的散文简洁明了。读辨喜的书,你会感觉你在跟一位关心你的朋友进行一次交谈。

一本伟大的著作,一部光辉的手稿!

——拉列奥普德斯

辨喜的《胜王瑜伽》是关于该课题最好的书之一;行文风格清晰简明而优美。尽管,像大多数胜王瑜伽的书一样讨论哲学及其应用，但辨喜的书最大的好处，是他对胜王瑜伽效果的重视。辨喜说，当一个人掌握了冥想的力量，然后阅读关于开悟的经验，那么他将会显现出同样的状态。当一个人知道前进的方向，并能预知他要进入的状态，那么他就已经学会了冥想。

这本书并不是为了阅读和装饰书架……

——瓦苏德万·斯里尼瓦山

想象一本能永远改变你的书，只要这么少的钱。既然是胜王瑜伽的最佳读本，钱的数目仅仅是第二位需要考虑的。

辨喜，少数几个依靠他所教（在这里我不想用“布道”这个词）的维生的哲学家之一，对胜王瑜伽——四种主要瑜伽（其他瑜伽是智慧瑜伽、业报瑜伽和奉爱瑜伽）之一作了权威的解说。其他三种瑜伽书基本上是辨喜的一系列演说。《胜王瑜伽》经过像辨喜这样伟大的人物讲解之后，它们展现出一种更加深刻和重大的意义，突然一切变得清晰了；人生的视角一改变，一个人便获得了更多的信心。

我不能在一个单一的评论中强调太多这本书的价值，胜王瑜伽是人生的一个同伴。它不受任何特定的人或宗教的限制。任何人都能练习它。胜王瑜伽是一套任何人都可以跟随它而带来“最终解放”的原理。你不必练习所有的原理。只要看一种原理的效果——叫作瑜伽姿势——在一个人生活中的收益。瑜伽改变一个人。比如，辨喜解释“瑜伽睡眠”和普通睡眠的不同。一个小偷进入普通的睡眠，醒来还是一个小偷。但小偷进入瑜伽睡眠状态，醒来会变成一个圣人。

这本书并不是为了阅读和装饰书架，而是为了思考你自身，并确定一条人生的道路。

这本书能真正使你理解你的心灵怎样处理信息！

——一位读者

这本书能真正使你理解你的心灵怎样处理信息，以及怎样征服你自身的本性来锻炼自由意志。

作者辨喜既是一个闪耀的灵魂，又是一位雄辩的演说家。他的话语充满力量！

任何严肃和真正的精神瑜伽修行者的必读书！

——一位读者

我认为这本由辨喜写的书是关于瑜伽课题的一本权威著作。它是任何严肃和真正的精神瑜伽修行者的一个必读本。

尽管辨喜的写作风格有时尤其以深奥和高层的心智打动我，但他确实提供了一个精确和极有价值的练习瑜伽八步骤的路线图。他概括了调息(Pranayama)和冥想的正确方法，并精确地解释了更加先进的执持、禅定和三摩地的冥想练习。对于后者，我记得其他作者倾向于要么完全省略，要么如果他们试图解释它，但却犯了错误，这表明他们并不真正懂得这个状态的目的或者他们在做什么。

我发现这本书最令人安慰的是，辨喜在关于瑜伽不同阶段的功能、方法和目的方面没有犯任何错误。他的描述和解说与我的经验完全吻合，因此，我感觉他值得信靠而能在正确的方向上引领聪明的读者。

无论如何，辨喜在这本瑜伽书中公开概括出来的实用信息和他的方法非常清晰，在我看来，其价值不可估量。我向认真的瑜伽修行者们推荐这本书。

读了本书，你不会犯错！

——阿加

你不会因为辨喜的任何书籍而犯错。他不仅是一位伟大的学者，而且他是一位亲自体验他所教的内容的圣人和神秘主义者。从实用和哲理的角度来看，这本书提供了极其清晰的胜王瑜珈的描述。

我将强烈推荐这本书给在精神方面已培养了兴趣的人。

——阿洛克·阿什提卡

这本书揭示了古老的心灵和精神科学。许多抽象概念（如意识、心念、净化等）得到极富逻辑和很好的解释。它对瑜伽经典的解说变得更加简单而易于理解。对一个具有东方哲学基础知识的人，每天开始练习冥想是十分令人鼓舞的。我将强烈推荐这本书给在精神方面已培养了兴趣的人。

读完这本书之后，我购买了辨喜的所有著作！

——马克

这本书提供了我正在寻找的关于胜王瑜伽的信息。辨喜的话语读起来真是一种愉悦。读完这本书之后，我购买了辨喜的所有著作。

我推荐这本书作为任何将成为胜王瑜伽练习者的起点。

——塞提克·米斯提·瓦里奥

哦！多么出色！辨喜已经创造了一本胜王瑜伽经典，它是超过我在20年研究和实践吠檀多哲学中所阅读的著作之上的头和肩膀。对于那些刚开始了解吠檀多智慧的人来说，这是一本极好的手册，同时，它对那些已研习吠檀多哲学多年的人来说也非常有用。真的，我推荐这本书作为任何将成为胜王瑜伽练习者的起点。辨喜讲得直截了当，又清楚明白，他的劝告可以立即理解和习用。这本手册将伴随我的有生之年！

容易理解的伟大著作

——一个读者

这本书读起来很轻松愉快，为读者提供了深刻的理解。

这是一本值得高度推荐的书。

——一个读者

这本书写得非常好。这本书对那些不太熟悉达摩和吠陀学说的人或许有点困难。整本书写得非常好，信息量非常大。这本书向你展示，如果一个人在它上面用心，他或她可以取得的巨大成就。这本书没有告诉你盲目地跟随，而恰恰告诉你自己由里向外来体验它。

这是一本令人思想深受震撼的书！

——一个读者

这本书是一本令人思想深受震撼的书。任何曾考虑过学习瑜伽的人都应该读它。

任何人可以理解的胜王瑜伽读本。

——斯诺卡特凯

辨喜做了一件伟大的工作，它将胜王瑜伽的总体原理和修炼方法通俗地讲了出来，因此，任何人都可以接近和理解瑜伽的这个分支，以及它独特的方法。

每个心灵都潜在着神一般的灵性。我们的目标就在于通过控制内在的和外在的本性将这种潜在的灵性显现发挥出来。我们的途径多样：工作、膜拜、控制心理，或者研习哲理，用其中一种、多种，或者全部，记住，一定要放松。这就是瑜伽的全部所在。教义、信条、仪式、书籍、庙宇，或者形式，无非都是些次要的从属细节。

出版前言

从历史之初到现在，人类中发现了很多神奇的现象。这些现象都被记录下来了。但是这样时刻的见证人并没有生在科技发达的今天。大量的证据是从无知的、迷信的骗子那里得来的。所以大量的证据是不可信的。在很多情况下，所谓的奇迹不过是一些模仿而已。但是他们模仿的对象是什么呢？不进行调查就妄下结论，否认某些事情的存在这并不是坦诚、科学、严谨的态度。一些注重表象的科学家无法对这些神奇的心理现象作出解释，因而力求忽视这些现象的存在。那些认为他们的祈祷受到了云雾中的神灵的响应或者上帝感应到了他们的诚意改变了宇宙运行的方向的人们是愚昧的。但这些科学家与这类人比较起来更应该受到谴责。后者至少还可以拿愚昧无知当挡箭牌，或者说至少是有缺陷的教育体系使之然。他们学会了依靠这些神灵，继而这种惰性和依赖性就变成了他们堕落的本性的一部分。而那些科学家则没有这样的借口。

几千年来人们不断研究、调查、总结这些现象；人类的整个宗教体系的基础也得以分析；最终的实际成果就是胜王瑜伽的发现。胜王瑜伽，不像一些现代科学那样做得不可原谅：它并不否认确实有一些存在的现象和事实我们很难解释。相反，它很平和但是口吻并不十分确定地告诉那些迷信的人，那些由于祈祷和信念产生的奇迹和感应并不是像迷信说的那样归功于那些住在云端的神灵。胜王瑜伽告诉我们：每个人都是也仅仅是深藏在人类背后那些无限的知识和力量海洋中的一个水管。它教导人们：人类的欲望和需求来自人本身，不仅如此，对这些欲望和需求的满足也是由人类自己完成的。除此之外，当人类的一个欲望或者需求或者祈祷得到满足的时候，这些满足皆来自人类背后那无限的知识和力量的海洋，而不是什么超自然的东西。超自然的东西可能在一定程度上能够提高人类的行动力，但是同时它也促成了人类的精神腐败。它带来了依赖，造就了恐惧，引发了迷信。它慢慢堕落成人性弱点的一种可怕信仰。瑜伽修行者告诉我们并不存在什么超自然的东西，而是自然中有些宏观的现象，同时还有微观的感官难以察觉的现象。微观的现象是原因，宏观的现象则表现为结果。宏观的现象我们很轻易就能用感官感觉到，但是微观的就不那么容易了。练习胜王瑜伽将帮助我们习得对微观事物的察觉能力。

所有印度哲学的正统体系有一个共同目标：通过不断完善自身实现心灵的解放与自由。而完成这一目标的途径就是瑜伽。瑜伽这个词涵盖的范围很广，数论哲学和吠檀多学派中都以某种形式提到和体现过瑜伽的思想。

这本书的主题就是瑜伽的一种形式——胜王瑜伽，如我们所知。帕坦加利的《瑜伽经》是胜王瑜伽的最高权威言论，并由此产生了一系列瑜伽教科书。别的哲学家，虽然有时有些哲学观点与帕坦加利大师并不相同，但是，一般他们都会对大师的练习方法没有异议，这点上他们做的是绝对统一。这本书包括了作者在纽约给学生上课时候的几篇演讲。第一部分中给出了一些简单的具体的操作方法，这些是针对想要练习瑜伽的人的。但是在这里真心且特别警告：只有直接跟随瑜伽老师练习胜王瑜伽才是比较安全的。如果这些对话成功地唤起了我们在这一主题上更多的求知欲，这个时候就不需要老师的指导了。

目 录

第一章

练习胜王瑜伽的准备

实践出真知,我们的一切认识皆来自我们的实践与经验。我们从一般推到特定或者从特定推出一般而得到的理性知识,同样是建立在实践的基础上。我们所称的具体科学很容易就发现规则和本质——真理,这是因为对于每个人来说这种实践的经历都不陌生。科学家并没有要求我们盲目信任什么。但是当他从个人的经历和实践中获取某种结果和得出了某种结论并试图为此作出解释时,便会利用一些众所周知的每个人的普遍经历,如此满足他想要我们相信他的结论的愿望。每一门具体科学建立的基础都是在人类的普遍经历之上,如此我们一眼就能看出由此得出的结论的谬误或者准确。

全世界所有的宗教都是建立在一个普遍并且坚定的知识的基础上的——直接的经历和实践。大师们都看到了上帝,他们全看见了自己的灵魂,他们看到了灵魂的未来和恒久,他们看到了什么就宣扬和祈祷什么。唯一的不同在于:大多数的宗教尤其是现代社会的宗教,它们发表了一个特定声明,那就是:大师们的经历在今天是不可能发生的,但是对于一些人是可能的,他们就是宗教的奠定人和发起人,进而产生了名目繁多的宗教。但是眼下这些经历已经过时了,不会再次发生了,因此我们也只能在信仰上肯定宗教了。

这点我完全否认。如果这个世界上某个特定的知识领域有了某种实践和经历,那么它绝对是继千千万万类似的经历之后,并且会永久地重复发生。前后统一保持一致是大自然严格遵守的法则：曾经发生过的，一定会再次发生。

因此，胜王瑜伽的大师们宣称：胜王瑜伽是建立在远古时代的经历和实践上的，但是如果一个人没有亲身体会到这种经历，那么他就不是完全的信徒。胜王瑜伽就是这样一门科学：它教会我们怎样才能获取那种经历和实践。光是费嘴上功夫谈论宗教并没有用，只有我们亲身感受到了才行。如果一个人看不到上帝，他又有什么权利说上帝是存在的？如果上帝存在，我们就一定能够看见，如果灵魂存在，我们也一定能够感知到。

现代人们的想法是，一方面，“博学家”寻求宗教、玄学，和至高无上的存在但徒劳无功；另一方面，那些没有受过高等教育的人认为宗教并没有真正的基础，它们存在的唯一价值就是它们为人们行善提供了一种强大的动力。如果人们信仰神灵，那么他们可能规规矩矩，品德高尚，是标准的良民。他们持有这样的想法，我们并不能对此表示责怪，鉴于这些人受到的教育仅仅是相信一篇由冗长的词语组成的废话，这些废话后头并不存在任何实在的真理。他们也是迫于依赖这些词语活着——他们需要信仰。但是他们可以这么做吗？如果答案是肯定的，那就不要怪我对人类的本性不给予丁点儿的尊重。人想要明白真理，想要亲证真理，就在我们掌握真理、实践真理，用心体验真理的时候，《吠陀经》中说，所有的怀疑都会消失，所有的黑暗都会被撕成碎片，所有的否定和弯曲都会变成肯定和平直。“那些不朽之子，甚至那些活在最高层的人们，他们找到了解脱苦海的生路。这条路让我们远离黑暗，这条路就是感知在黑暗之上的上帝。除此之外，并没有别的出路。”

胜王瑜伽向全人类提出和展示了获取这种真理的经过实践和科学研究总结出来的一套方法。首先，每一门科学都有自己的研究方法。如果你想成为一个宇宙学家，仅仅坐下来大叫“宇宙学，宇宙学”是徒然无功的，这样你永远都不可能成为一名宇宙学家。要做一个化学家的道理也是一样的，研究某一门科学，一定要采用和遵循一定的研究方法。要成为化学家，你肯定要去实验室，用不同的物质，混合起来，然后做实验观察。得出试验结果和结论这样才能积累化学知识。如果你想成为宇宙学家，那么你肯定要去天文台，用望远镜研究那些星体和星球。只有这样你才能成为宇宙学家。每一门科学一定有自身的研究方法。我可以为你讲成千上万次的教义，但是如果你不这么做，你就不能算一个完全的教徒。这些真理由各国、各个时代的圣人们宣扬，他们心理纯洁，心无私念，一心要向整个世界行善，并没有其他的动机。他们都说发现了某些高于我们的感官带给我们的真理，他们欢迎大家来检验这些是不是真的。他们号召我们遵守戒律，号召我们真诚地练习。如果我们并没有发现这些比较高层次的真理，那么我们就有权揭穿他们的谎言，说这样的真理子虚乌有、纯属虚构。但是我们这么练习和检验之前就否认他们的论断是不理性的。所以我们一定要用心地练习，使用特定的方法，最终能看到胜利的曙光。

在获取知识的过程中，我们常常使用归纳推理的方法，这些知识都是建立在观察基础上的。我们首先观察事实和现象，然后归纳推理，最后得出结论或者形成规律。人类的心理也是一样的。只有我们首先发展和锻炼观察心灵世界现象的能力，那么我们才能够获得存于人们有关内心、内在人性和思想的知识。观察外部世界的事物和想象相对观察内部心理世界的想法较简单，因为我们自身有很多观察外部世界事物和想象的工具，我们的感官体系相当健全。但是在内部心理世界里没有这样的工具辅助我们。我们知道，一定要观察才能获得一门真正的科学。舍去合适的分析，任何科学就没有希望了，它们无非是将一切理论化。这就是为什么一开始的时候心理学家为之争吵不已，除了少数的几个通过观察得出结论的人之外。

胜王瑜伽还向人们揭示了观察内心各种状态的方法。实际上，我们借助的工具就是心理本身。观察的能力受到合适的引导，将转移到内部心理世界，届时将帮我们解析我们的心理，将事实明了化。心理的能力就像是散射的光线，当这些光线集聚在一处的时候，就会发光。这就是我们获取知识的唯一途径。每个人都在利用它，外部的或者内部的。但是对于心理学家来说，科学家用于外部观察的微小的观察，也会用于观察内部心理世界。要做到这点不容易，需要大量的练习。从孩童时起，我们就被教育将集中力放在外部事物上，而不是内部心理世界，因此我们中大多数人几乎失去了观察内部心理结构的器具。说的形象点，将我们的心思都集中在内部，不让一丝想法外泄，集中一切能力，汇集心思，全力以赴，如此我们就能了解和分析心理的本性。这点做起来是相当困难的，然而这好比是用科学方法研究课题，是唯一了解我们心理的方法。

了解了我们的心理，获取了这方面的知识有什么用呢？首先，知识本身就是对知识的最高奖励。其次，知识必定有用。它将带走我们一切的不幸和苦难。当一个人分析自己的头脑的时候，好像有一个人朝你走来，两个人面对面，那个人带着一些东西，那些东西完好无损，本性永远纯洁、完美、无懈可击，这个时候他就不会再感到苦难，那些不快乐也悄然逝去。所有的苦难都来自恐惧和没有得到满足的欲望。当一个人发现他永远不会死去的时候，他就不会再惧怕死亡；当他知道自己是完美的时候，他就不会再幻想那些无谓的欲望；当他不再惧怕死亡，不再期待无谓的欲望的时候，就不会感受到任何的苦难了。继而在这副身体里也充满了极乐。

要想获得这种知识只有一种方法，那就是专注。化学家在实验室里将所有的精神都集中在一点上——他正在分析的物质，然后他发现了物质的秘密和本质。宇宙学家将所有的精神都集中在望远镜下，望远镜下那些天空中的星体，太阳和月亮不得不泄露自身的秘密。当我的注意力在一个事物上越来越集中的时候，我能看到和弄清楚的就更多。你正在听我讲，你心思越集中，就越能清楚地掌握我所讲的。

将注意力集中在外部事物上是比较容易做到的，因为人的心理天性就是自然向外的。但是这并不适用于宗教或者心理学或者玄学，这些科学中主体和客体合二为一了。客体是内部的：心理自身就是研究的对象。了解心理是必要的，用心理研究心理。我们知道有一种叫作反思的力量。我正在跟你讲话，同时我也站在旁边，像个旁观者，听并且理解我所说的话。你工作的同时也在思考，而你心理的一部分在旁边观看你正在想什么。心理的能力应当全部集中在一起，然后研究我们的心思。正如当太阳光线穿透最黑暗的地方之前，黑暗倒出了所有的秘密，我们的心理集中的时候也能揭秘内心最深处的秘密。因此我们应当回到信仰的基础上，回到真正的宗教上。我们应当自己感知我们是否有灵魂，生命只有五分钟长还是永生的，上帝是否存在。所有的一切都会自己向我们揭示。

这就是胜王瑜伽所提倡和宣扬的。所有的一切都旨在告诉我们怎样才能专注，继而发现我们内心最深处的秘密，之后将这些内容归纳推理，然后形成我们自己的结论。胜王瑜伽从来不问我们的信仰是什么——我们是无神论者也好有神论者也罢，不论我们是基督教徒，还是犹太教徒，抑或是佛教徒。我们都是人，这就足够了。每个人都有权利和能力寻找宗教。每个人都有权利发问为什么要信教，然后如果他不嫌麻烦，就自己回答自己的问题。

现在，我们明白了在胜王瑜伽的研究中信仰是不是必要的。在你找到答案之前，不要相信任何事情——这就是胜王瑜伽教给我们的。真理并不需要靠山才能站得住，经得起考验。你的意思是不是说：我们被唤醒的状态需要做梦或者想象才能证明呢？当然不是这个意思。胜王瑜伽的学习是一个漫长的过程，需要不断的努力和锻炼。其中的一部分练习是体力的，但是主要还是心理方面的。当我们一直坚持练习就会发现我们的身体和心理的联系是那样紧密。如果我们认为心理仅仅是我们身体比较精贵的一部分，通过身体心理起作用，那么我们就能说身体也在心理上发挥了作用，这同样说得通。如果身体不舒服，心理也不会好过。如果身体健康，那么心理也会健康、强健。当一个人发火的时候，心理已经紊乱了。当心理紊乱的时候，身体也会出现不调不适。对于大多数人来说，身体很大程度都在身体的控制之下，他们的心理实在是欠发达。人类的大部分本性跟动物没有什么区别，很多情况下人类的控制力并不比动物高到哪里去。对于我们的心理，我们几乎没有什么控制力。因此为了获得这种对身体和心理的控制力，我们一定要做一些体力练习帮助我们。当我们能够灵活自如地控制我们的身体的时候，就可以尝试操控我们的心理了。通过操控心理的练习，我们慢慢就能将心理控制起来，只要我们愿意心理就能工作、起作用，我们想用它的时候，它就不得不集中所有的能力。

据胜王瑜伽修行者说，外部的世界不过是内部或者心理世界的宏观形势。微观的总是体现为原因，而宏观则表现为结果。因此外部的力量仅仅是内部微观力量的宏观体现的一部分。如果一个人发现并且学会了控制内部的力量，那么他就完全控制了他的自然的本性。实际上这个时候修行者自己定下了一个任务——控制他的自然本性，而这个任务本身的难度并不亚于控制整个宇宙。他想要达到一种境界：自然法则在这种情况下对他不产生任何作用和影响，他超越了自然法则而存在。他将成为自然本性的主人，不管是外部的也好内部的也罢，他都要称雄。人类要进步和文明，这意味着，人类要控制自然本性。

不同的种族采取不同的控制自然的方法和过程。正如在同一社会中一些人想要控制外部本性，而有些人则从控制内部本性入手，不同的种族也是一样的：有人想要控制外部本性；有人则希望控制内部本性。有人说控制内部的本性后我们就掌控了一切；也有人说控制了外部的本性后我们就控制了一切。最终两者都没有错，因为本性中并没有外部本性和内部本性之区分。将本性分为外部和内部的，只不过是虚构和假设的局限，其实并不存在这样的局限。外部学家和内部学家注定要在某一点上相逢——当他们都达到了他们知识的尽头后。正如一个物理学家竭尽了他所有的知识，最终发现他的知识融进了玄学；玄学家也发现他称呼的心理和物质的明显区别，最终也将消失。

所有科学的终端和目标就是发现统一性，正是统一性孕育了一切，而一切无不体现着统一性。胜王瑜伽建议我们先从内部世界入手，学习内部本性，通过这个控制全部本性——内部的和外部的。实际上这个尝试历史上早就有了，印度一直是实践这一思想的大本营，而别的几个国家也有这样的尝试。在西方国家这被认为是神秘论，想要练习这个的人都被当作巫师和巫婆烧死或者被害了。在印度，因为多种因素，胜王瑜伽不幸落到了一些人手里，他们毁坏了90%的知识，并且试图将剩下的知识当作秘密永远藏起来。在现在西方国家，所谓的瑜伽老师一筐一摞，这要比印度的情况糟糕多了，因为前者对于瑜伽多少还是知道一点，但是后者确实完全无知，压根不了解瑜伽。

在瑜伽体系中，任何秘密和神秘的内容都会受到摒弃。生活中最好的向导就是力量。在宗教里，跟别的事物中一样，摒弃一切使你软弱的东西，软弱就不能跟你有任何关系。神秘主义的思想削弱了人类的大脑。它也几乎摧毁了一门最伟大的科学——瑜伽。四千多年前，自瑜伽被发现形成起，瑜伽在印度信奉的人很多。还有一个惊人的事实是：越是现代的评论大师，他犯的错误就越大；而越是生活在古代的作家和圣人，他们就表现得越理性。大多现代的作家都在谈论一些各种各样的神秘论。因此瑜伽也落入了那些将其神秘化的人手中，据为己有，暗不见天日，经不起理论。他们这么做是非常自私的：他们只想自己获得那些超能力。

首先要声明的是我所讲授的一切没有任何神秘的内容——在这里我会知无不言，言无不尽，并没有什么神秘的。对于我知道的，一定讲出来；对于我所不了解的，我也一定会告诉你瑜伽书上是怎么说的。盲目听信是不对的。你也一定要发挥自己的大脑，推理、判断，从自身经历出发判断我所说的是否属实，正如你可能学习其他科学一样学习瑜伽这门学问。瑜伽并没有什么神秘或者危险的地方，因此大白天在大街上宣扬也是应该的。任何试图将这一切神秘化的行为都可能产生巨大的危害。

在深讲之前，我将告诉你一点关于数论哲学的知识，因为这是胜王瑜伽建立的基础。根据数论哲学，感知的起源如下：对外部事物的印象通过外部的工具传递到大脑中枢或者器官，大脑将这些印象传递到心意；心意再传递到命令中枢。在这个过程中，灵魂接收到这些印象并产生了感知。接下来的过程又将倒回去，回到命令中枢做必要的反射。除了灵魂，所有的一切都是物质性的，但是心意是比外界工具良好得很多的物质。构成心意那部分的物质变得越来越明显，形成了所谓的细微元素。这些细微元素变得越来越大就形成了外部事物，这就是数论哲学的核心。所以在内部的心力和外部的宏观物质之间只存在度的不同，而灵魂是唯一智能的。心意只是一个工具，由灵魂的手操作，就是通过这个工具灵魂感知外部的事物。

心意总是在不断变化——从一个事物转移到另外一个事物上。有时候心意让几个器官同时运作，有时一个，有时一个也没有。比如说，如果我仔细听时钟滴答声，那么虽然我的眼睛睁着，但是很有可能我眼里什么也容不下。这就说明了当心理依附在听觉上的时候，视觉是不在它的直辖范围内的。心意有时候也会同时依附在所有器官上。但是，再说一遍，心意具有一种自我反省的反射能力。这也是修行者想要获得的一种能力：专注，然后将所有能力用在心理上，他想要知道内心世界的状况。这里并不存在信仰的问题；这只是一些哲学家所做的分析的结果。现在生理学家告诉我们眼睛并不是视觉器官，视觉器官实际上位于大脑的一个神经中心，所有的感应器官都是同一情形。生理学家还告诉我们构成这些中心的物质跟构成大脑的物质是一样的，这与数论哲学告诉我们的完全出于一辙。前者的陈述是出于物理学的角度，后者是出于心理学角度，但是两者在本质上还是一样的。

我们的研究领域要超越以上两者。瑜伽修行者提出要达到一种微观的感知状态，如此他能够感知到所有不同的心理状态。

当一个人的感官一接触到外界事物，就能产生感觉，感觉由某一特定神经传递到神经中心，心理接收到信息，传到命令中枢，最终传递到灵魂。所有这些不同的步骤都应该一个一个地得到观察。而弄懂任何一门科学之前都要做一定的准备工作，都要遵循特定的研究方法，胜王瑜伽作为一门科学也是一样的。

在这里还有必要讲一下关于食物的摄取规则：我们一定要吃能够将我们带入最纯洁的心理状态的食物。如果你去一次动物园就明白我说这一点的道理所在了。在动物园里你可以看到大象，它们身体庞大，性情却十分安静和温顺。如果你去老虎和狮子笼前，就会发现它们十分狂躁不安。这就说明了不同的食物起了不同的作用。我们身体里能运转的力量都是由食物产生的，一天不吃饭我们就有气无力的。如果你要禁食，首先你的身体会变虚，体力锐减。几天不吃饭，心理也会吃不消：记忆力减退，有那么一刻你根本没有办法思考，更别提什么推理了。因此我们首先一定要注意我们吃的食物。当我们获得足够的力量的时候，当我们的练习进入比较高级的状态的时候，食物这方面我们就不用那么在意了。当小树苗还在生长的时候，一定要把它周圈围好，免得受到风雨袭击。但是当它长成一棵参天大树的时候，这些栅栏就应该撤掉了——这个时候它已经足够强壮，抵挡任何暴风骤雨、艳阳烈日。

瑜伽士也应当避免奢侈或者苦行这两个极端。他不能禁食或者折磨他的身体。《薄伽梵歌》中说道：做不到这些的人，是不会成为修行者的。禁食的人、失眠的人、贪睡的人、工作狂、不工作的人都不会成为瑜伽士。

第二章

坐姿的练习

胜王瑜伽分为八个步骤。第一步是禁制，包括不杀生、不说谎、不偷窃、不淫和不贪；第二步是劝制，包括洁净、知足、苦行、学习经典、顺从上帝；第三步是坐姿，又叫瑜伽姿；第四步是调息，即对普拉那的控制；第五步是制感，克制对外界事物的感官，尽量不受外界事物的影响；第六步是执持，即将注意力集中在一点上，凝神的能力;第七步是禅定，即内观；第八步是三摩地，亦名超意识体验。

禁制和劝制是心智上的练习，舍去这方面的练习，我们不可能习成瑜伽，见得功效。修行者只有通过了心智的训练，确立了善恶分明，惩恶扬善的态度，那个时候他才真正开始体验到瑜伽练习的成果；没有这些道德上的练习，成果就无从谈起。同时,修行者也不能在思想上、言语上或者行为上伤害任何人，仁慈与怜悯并不是只针对我们的人类同胞，而要超越人类，拥抱整个世界。

下面讲坐姿，即瑜伽姿势练习。修行者每天都要做一系列的身体和心理练习，直到他到达某种更高的修行境界。因此我们找到适合自己的姿势是很必要的，因为我们需要长时间保持这种姿势不变。我们应该选择最简单的姿势。拿思考这个姿势来说，对某些人来说可能相当容易做到，但对另外一些人来说却比登天还难。我们以后会慢慢发现：当我们进行心理练习的时候，我们的身体也在进行大量的活动。神经电流不得不移动，找到另外一个新通道，激发新的各种各样的活动；整个构造和结构也会重组。但是活动的主要区域集中在脊柱上，所以保持脊柱放松、直立，是很必要的，因为它要支撑我们的胸部、颈部和头部，并且使三者保持在同一直线上。这三部分的重量这个时候完全由肋骨支撑，这样我们的脊柱更自然地保持直立的状态就相对容易轻松些。不难发现，如果我们弓着身子思考，是很难激发出思想的火花，很难产生什么奇思妙想的。

胜王瑜伽的这一步有点像哈他瑜伽——即完全只从身体出发，终极目标是保持身体健康强壮。这里并不是要将两者联系起来，引导大家修行哈他瑜伽。不是这样的，哈他瑜伽很难学，一时半会儿是吃不消的。最为重要的是，哈他瑜伽不能指引我们走上帮助我们心理成长的道路。很多哈他瑜伽的练习，比如说让身体摆出五花八门的造型，都可以在戴尔撒特（delsarte）派和别的派别的教义中找到。这些派别教义的目标在于保持身体健壮，而不是心理矫健。只要我们下了命令，我们可以控制身上的每一块肌肉的运动，心脏可以停止或者继续跳动。类似地，我们也可以控制别的器官，让它们继续或者停止活动。

哈他瑜伽的结果仅仅是使人长寿；健康是中心点，这也是哈他瑜伽唯一的终极目标。哈他瑜伽修行者铁了心不生病，因而他从不生病。他活得很长。一百年对他来说是小菜一碟；当他一百五十岁的时候依然强健，生机勃勃，头上依然顶着一头浓密的黑发——花发不生。但是这就是全部了，也只能如此了。有些榕树可以活五百年，但是榕树也只能是棵榕树，别无他求。所以一个人长寿，他也仅仅是一个健康的动物罢了。但是，不可否认，哈他瑜伽修行者经常练习的一两个动作还是相当有用的。比如说：可能有些人会注意到，大清早刚起床，通过鼻道饮些冷水就能消除头疼，这方法相当灵验。这样，一整天，人都会头脑清醒，而完全不用担心会感冒。这一方法做起来也比较可行：打盆冷水，头低下，让水浸过鼻孔，吸水，然后将水从口中吐出来。

我们学会了怎样保持脊柱挺直并且保持固定的姿势，接着我们就要开始练习了——有些学派称之为神经净化。一些不属胜王瑜伽派的瑜伽修行者拒绝做这种练习。但是鉴于哲学家商羯罗的推荐，我想这里还是提一下比较合适。我引用大师本人在他的《白净识者奥义书》中的原话："通过修行调息，我们清除了心灵的垃圾，心也在梵中坚强起来。这个过程中，我们自然而然学会了调息。首先要净化我们的神经，然后才能获得练习调息的能力。用大拇指堵住右鼻孔，因人而异，用左鼻孔尽量多地吸入空气；然后，立刻堵住左鼻孔，从右鼻孔将吸入的空气排出去。再来一次，用右鼻孔尽量多地吸入空气，然后堵住右鼻孔，同时将吸入的空气从左鼻孔放出。黎明前、中午、傍晚、午夜，这四个时间段，重复做三次至四次，半个月或一个月下来，我们就达到了净化神经的目的。之后可以开始练习调息。"

练习是绝对必要的。每天你可以选择坐着，听我一个小时一个小时、一天一天的滔滔不绝的宣讲，但是你要是不练习，那也只能白搭，你不会进步了。瑜伽的关键在练习，我们如果不练习，永远都不会真正领会大师所讲的。我们得亲身去感受，只是简单地聆听这些解释和理论是徒然，没有用的。

练习说来容易，但是实际操作起来还是有一些障碍的。第一个拦路虎是身体不健康；如果身体不适，练习就会受到阻碍，因此我们一定要保持身体健康；病从口入，我们首先得注意我们的饮食，然后注意我们的活动和行为是否有害健康，使用精神力量来保持我们的身体健康强壮。这就是身体部分的作用全部所在了。我们一定要铭记：健康只是一种达到目的的方法。如果健康本身就是目的，那么我们就跟动物没有什么区别了，我们知道很多动物几乎不生病。

第二个障碍是怀疑与困惑。对于我们肉眼看不到的东西，我们总是很自然地持一种怀疑的态度。人不能靠言语活着，我说什么，就是什么。但是，不妨一试。所以，胜王瑜伽是否可信，对这点我们肯定会怀疑，即使做得最好的修行者有时也会质疑。几天练习下来，我们会看到一丝光芒，但这已经足够给我们勇气和希望。一个瑜伽哲学评论家这么说："只要有一丁点儿的痕迹证明瑜伽并不是空穴来风，那么不管证据多么微不足道，多么不起眼，都已经足够给我们信念，使我们坚持走在练习瑜伽的道路上。"比如说，练习瑜伽几个月下来，你会发现你能读别人的心思；这些想法会以图的形式出现在你的头脑中。如果你集中精神，凝神听，只要你想听，很有可能即使隔了千山万水，你也能听到千里之外有什么事情发生、上演。这些光芒，开始的时候，似有似无，一丝一丝地出现，但也足以给你信念、力量和希望。比如说，如果你将心思集中在鼻尖上，那么几天之后你就能闻到一股奇香。这已经足够说明：即使不接触客观事物，你也可以观察和体验到某些精神感知。但是我们一定不要忘记了：这些只是达到目的的方式和方法。所有的努力是为了达到目的，达到终点——实现精神自由。终点一定是对本性的控制。我们是本性的主人，而不是本性的仆人或者奴隶。我们的主人一定不是身体或者头脑。我们也不能忘记：身体是我们的，而我们不是身体的奴隶。

神和魔鬼去跟一个伟大的圣人讨教什么是“自性”。他们跟圣人学习了很长一段时间。最后圣人告诉他们：“你自己就是你在寻找的自性。”神和魔鬼都认为他们的身体就是自我。魔鬼很满意地回去了，告诉他的子民：“要学的我已经全部学到了。我们就是自性，吃喝玩乐，好好善待自己。我们是至高无上的。”魔鬼本性无知，从此以后不再学习，而是自满于他就是上帝，自我就是身体的想法，不求上进，不思进取。

而神的本性则较为纯洁。开始他也这么错误地认为：“我，这副身体，就是梵。所以我要保持健康强壮，穿得要体面，给我的身体万分的荣耀与舒适。”但是很快他就发现，这并不是圣人的意思。他一定是误解了。肯定还有更深的理解。所以他又返回圣人身边。问道："师傅，您告诉我自性就是身体吗？如果是，我看到所有的身体都会死去，但是自性应该是不死的。"圣人回答说："你自己去寻找答案吧。汝即彼。"神认为能使身体正常运作的不可缺少的力量是圣人所指的自性。但是一段时间后，神发现，如果他吃东西，这些力量就会强大点；如果他饿肚子，这些力量就很薄弱。神又回到圣人身边。问道："师傅，您的意思是自性就是生命力吗？"圣人回答说："你自己去寻找答案吧。汝即彼。"神又回去了。心想，也许自性就是心意吧。但是不久他看到他的情绪变化多端，时好时坏；心意太多变，可能是自性。于是，他又回到圣人身边。问道："师傅，我并不认为心意是自性。您是这个意思吗？"圣人回答说："不。你就是自性。你自己去寻找答案吧。"神从此返回。最终他找到了真正的自性——超越思想，不论生死，利剑不能刺穿，烈火不能焚毁，大风不能吞噬，大水不能溶解，没有开始也没有结束，不能移动，无可名状，却无所不知，无所不能的本性的存在——既不是身体的，也不是心理的，超越两者之上的一种存在。神很满意这个答案。但是可怜的魔鬼，却因为过度溺爱他的身体，而得不到真传，弄不清真相。

这个世界有很多魔鬼认为的自我的本性，但是也不乏神的纯洁的木性。如果一个人提倡一门学科教育人们如何提高感官享受的能力，那么他能发现诸多现成的资料。如果有人向人们讲解至上的目标和追求，就会发现他几乎没有什么听众。几乎没有什么人可以掌握最高层次的能力，能够保持这种能力的人少之又少。但是不少人知道：一个人即使活到一千岁，但最终结果还是一样。当使我们的身体能够正常运作的不可缺少的力量停止作用的时候，我们的身体就一定会垮。没有什么人可以控制他的身体变化，这样的人未曾出生。身体就是一系列变化的代名词。正如河中的水流每时每刻都在发生变化，新的水流不断涌来，外表与之前的水流相似。这跟身体的原理是一样的，然而身体一定要保持健康强壮，因为它是我们拥有的最好的工具。

人类的身体是宇宙万物最伟大的躯体，而人类则是最高级的存在。人类要比所有的动物和天使高级；没有什么能比人类更加的伟大了。即使魔鬼，众神也不得不下凡，通过人体的形式获得救赎。只有人类才能实现完美，天使都做不到这点。上帝创造了天使和所有别的东西之后才创造了人类。之后，上帝唤来天使向人类问好，所有天使都来了，除了易卜劣斯，所以上帝诅咒了他：他就变成了魔鬼撒旦。这个寓言故事背后的真理就是：人类的产生是上帝最伟大的发明创造。比较低级的创造，诸如动物们，它们吃吃喝喝，无聊至极。它们大部分是由黑暗力量大批制造的。动物没有什么想法和头脑。如果没有人类的诞生，天使或天神也不可能直接获得心灵自由。同样，在人类社会，太富有或者太贫穷的都是人们通向更高层次发展的障碍。世界的精英多出自中产阶级——那里各种力量平衡，适合发展。

回到我们的话题，我接着说胜王瑜伽的下一步——调息，即呼吸控制。呼吸控制与凝神的能力又有什么关系呢？如果身体是机器的话，呼吸就是机器的飞轮。大机器的飞轮转得飞快，轮子越轻越快，带动其他部分转动越快。最后机器最重要、最精贵的部分也随之动起来。呼吸就是飞轮，供给身体每处的能量，调节运动。

曾经有一个伟大的国王和一个牧师，牧师做了不光彩的事情，为了惩罚他，国王命令士兵将他关押在一个高塔中。牧师押进去之后，慢慢等死。但是牧师的妻子对他非常忠诚，晚上的时候，她来到塔下，与丈夫商量怎样营救他。牧师告诉妻子，明天晚上再来高塔，来的时候带上一条长绳，一些粗股线，两股细丝线，一个甲虫，还有一些蜂蜜。交代完了，妻子回去了。犹豫了很久，好心的妻子还是听从丈夫的吩咐，带来了一切工具。牧师指导她将丝线穿过甲虫，然后抹一滴蜂蜜在甲虫角上，将虫子的头朝塔顶放，任虫子去了。妻子忙完这一切，甲虫就开始它的漫漫旅程。闻着蜂蜜的甜味，甲虫慢慢向上爬，希望能吃到蜂蜜。但是总是差那么一点点。就这样，虫子来到了塔顶。牧师一把抓住虫子，拿到了丝线。他告诉妻子将丝线的另一头固定在两股线上。他拿到两股线后，用粗股线重复这样的过程，最后是绳子。剩下的事情就简单了。牧师顺着绳子爬了下来，逃跑了。

在我们的身体中：呼吸的运动就好比是丝线；拉着线，我们就控制了两股线的神经电流，我们的思想就像是粗股线，绳子好比是呼吸。呼吸决定着我们能否获得自由。

我们对自己的身体一无所知——我们不可能知道。充其量我们只是从一具死尸下手，也有用活动物做实验的，将其分解研究，观察其内部结构。但是这跟我们的身体又有什么关系呢？我们对自己的身体还是不甚了解。为什么呢？因为我们的注意力不集中，所以观察不到身体内部正在进行的活动。我们思想足够集中才能够深度进入我们的身体，观察身体内部的结构和活动。为了观察入微，我们必须从宏观着手。我们必须把握使整个身体机器运行的关键所在，这就是普拉那，而其最为明显的体现在于呼吸。跟随呼吸，我们慢慢进入身体内部，才可能发现那些促使我们身体运动的微妙的力量之所在，找到全身循环流动的神经电流。当我们可以感觉到或察觉到这些存在的时候，我们也可以开始我们对它们和身体的控制的过程了。

这些不同的神经电流也激发我们的头脑转动思考，所以最终我们还是达到了这种状态：身体和头脑都受我们控制。它们是我们的仆人。知识就是力量，我们一定要获得这种力量。所以我们一开始就必须控制普拉那，从调息开始。调息是一个有很多可以说的话题，要讲清楚透彻恐怕要花点时间和功夫。下面我们一部分一部分进行讲解。

慢慢地我们会看清胜王瑜伽每一个步骤的原因以及身体内有什么力量被调转起来，所有这些都会简洁明了起来。但是，需要练习，一切证据都要从练习中得来。我所能给出的说理，不论多么充足，在你真正演绎前，都不能成为证据。从你开始感受到全身这些运动的激流起，你的怀疑就会慢慢消失。但是每天都要苦练才能做到这点。你每天至少要做两次练习。最好的时间段是早上和晚上。当夜晚逝去白天到来，或者惜别白日夜幕降临的时候，人处于一种相对镇静的状态。大清早和傍晚的时候是人比较安静的两段时间。你的身体这些时候倾向于平静和安宁。我们应该利用这两段大好时光做瑜伽练习。练习开始前不能吃东西。请谨遵这条规则，照我说的做，那么仅仅是饥饿的力量就能打破你的慵懒。在印度，大人们教育孩子练习瑜伽前，祈祷做礼拜前不能进食，只能在练习结束或者礼拜结束后才能吃东西，时间长了，孩子们也习惯了。即使是一个小男孩在沐浴前和练习瑜伽前都不会感到身体饥饿。

有条件的话，应该准备一间房间作为个人的瑜伽练习室。别在那屋子里睡觉，那里必须保持神圣、清洁。沐浴后方能进入房间——因为你不确定自己是否身心都很干净、纯洁。房间里可以经常摆放些花草，因为这些花儿对于修行者来说可以创造很好的练习氛围，同样，可以摆设一些赏心悦目的图画，早上和晚上要烧香，在房间里禁止争吵喧哗，不许生气或者想不干净不圣洁的东西。只有那些跟你一样有着同样想法的人才能进入房间，慢慢地房间里就会呈现一种圣洁的气氛。当你低沉、痛苦、困惑或者心静不下来的时候，在房间里待上一段时间，就能感觉到那份内心的平静与安宁，这就是人们去寺庙和教堂的真正原因——在那里我们能够找到想要的那片心灵的净土。但是现在大部分寺庙和教堂都失去了这种功能和作用。事实上，任何一个地方，如果我们在那里依然可以触动心灵，那么那个地方就是神圣的。这就是说，如果我们没有条件专门设置一间房间练习瑜伽，也没有关系。只要环境修行者喜欢就没有问题，在哪里都一样练习瑜伽。

找个地方坐下，坐直。下一步就是将神圣的思想流输送到身体和心灵的每一个角落。在意念上重复："愿万物开心；愿万物安宁；愿万物极乐。"如此面朝东、南、西、北做练习。练习做得越多，感觉越好，你会发现最终保持我们身体健康最简单的方法就是看到别人健康，而最简单的保持我们永远开心的方法就是看到别人都开心。那些信仰上帝的人应该祈祷——不是为了金钱或者健康或者天堂，而是为了知识和光明祈祷。祈祷别的东西的人都是自私的。下一步就是在头脑中认定你的身体是健康的、有力量的、强壮的，因为正如前文所说，身体是我们拥有的最好的工具。认定我们的身体坚强不屈，在身体的帮助下我们穿越生命的海洋。而那些身体虚弱的人是永远不可能获得自由的；抛弃所有的虚弱，我们轻装前行。告诉你的身体它很健康，很强壮；告诉你的头脑，它很顽强、很强大，它的信念没有束缚，它的希望没有边际。

第三章

调　息

很多人认为调息仅仅与呼吸有关，事实上它与呼吸联系甚少。呼吸法只是通向真正调息的练习方法之一，真正的调息就是控制普拉那。

印度哲学家认为宇宙是由两部分实体组成的。其中，一部分他们称之为虚空，另一部分就是普拉那。虚空是无处不在的存在，一切有形的事物以及经过结合而产生的事物都是由虚空进化而来的。是虚空变成了空气、液体、固体；是虚空变成了太阳、地球、月亮、星体、彗星；是虚空变成了人类的身体、动物的躯体、植物，另外一切我们能够看到的，感觉到的事物。所有存在的事物都是由虚空变成的。我们察觉不到是因为这个现象实在很微妙，超越了一般事物的观察力。只有当它变得足够大，成形的时候我们才能用肉眼观察到。万物创造之初，只存在虚空，经过一个周期的循环后最终固体、液体、气体都回归为虚空，而另一个开端又是从虚空开始，繁衍出万物。

然而是什么力量使虚空能在浩瀚的宇宙中生生不息呢？是普拉那的能量。正如虚空是宇宙中无止境、无所不在的物质存在；普拉那也是宇宙中无极限、无处不在的能量的体现。循环伊始，循环之末，所有有形的实物都化为虚空。宇宙中所有的能量都转化为普拉那。下一轮循环，由我们称之为能量和动力的普拉那产生了的一切事物。普拉那表现为运动、引力、磁力，身体的动作、神经电流、思考的动力。从思想动力到身体动力，一切事物无一不体现了普拉那。“当世间万物都不复存在，黑暗覆盖着阴暗，这世界还剩下了什么呢？”虚空依然存在，只不过处于一种相对缓和的静态。普拉那的物质运动停止了，但这并不能改变普拉那依然存在的事实。循环之末，现在宇宙中上演的所有力量都归于平静，但是它们爆发的潜力依然存在。下一轮循环之初，它们会“重整旗鼓”，振作起来，作用于虚空，因此由虚空转化出各种存在形态。虚空产生于变化，普拉那也演化成能量的各种现实迹象与形式。调息真正的含义是对普拉那的认知、了解与控制。

这就为我们打开了通向几乎没有极限的能量之门。假设，有人通晓普拉那，而且可以自如地控制它；那么究竟有什么力量能够不听他的使唤呢？呼风唤雨，无所不能。他可以将太阳和星体移出它们原在的位置和轨道；他能控制宇宙万物，小到原子大到体积最大的恒星。这也是调息的终端目的。修行者达到最高境界时，万物皆不在话下——他成为自然的主人。自然界所有力量都会像奴隶一样唯命是从。那些无知的人看到修行者这样奇异的能力，却不知道怎么解释，于是将之称为“奇迹”。

印度教思想的一个特别之处在于：他们总是一开始就想要获取最高的可能的概论，而把细节留到后面去做。这个问题在《吠陀经》中有提及：“是什么东西，我们一旦了解便对所有事物无所不知？”因此所有的书籍和这些手册写作的目的就在于向我们展示这样的知识，通晓天下的神奇力量。如果一个人想要一点一点了解这个浩瀚的宇宙，那么他必须从点滴开始积累，循序渐进。但宇宙那么大，要想摸透需要无尽的时间，他因而也是没有办法将宇宙熟识于心的。那么有没有一门学问能让一个人通过学习某一特殊领域和方面的知识就掌握全盘呢？修行者认为这一领域背后显示的是事物的普遍性。在所有单一的某个想法背后将是普遍的、抽象的原则。掌握了它，你就掌握了一切。正如《吠陀经》中提到：整个宇宙被普遍化之后，形成了一种绝对存在，掌握了绝对存在的人即掌握了整个宇宙。同理，所有的力量经过普遍化之后成为普拉那，掌握了普拉那的人自然就掌握了宇宙间所有的心理和物质能量。掌控普拉那的人不仅能够驾驭自己的想法，所有别人的心思他也知根知底。能够掌控普拉那的人，不仅能控制他自己的身体，所有别人的身体也都受他驱使，因为普拉那就是所有的能量。

调息存在的唯一意义就在于教育和指导我们怎样控制普拉那。所有关于这方面的训练和练习都是为了掌控我们自身的普拉那。每个人必须从自我开始，领悟怎样才能控制普拉那。我们应该从离我们最近的东西开始。身体离我们很近——比外部世界任何事物都要近；而心理较身体而言，离我们更近。但是，操纵我们身体和心理的普拉那才是离我们最近的。要知道，只需要一定量的普拉那，我们就能撼动整个宇宙。在普拉那无际的海洋中，微波粼粼。这些小波浪便是我们自己的心理和身体能量即普拉那的象征。这是离我们最近的普拉那。如果我们能够成功地控制那一小波浪，那么我们就能够指望控制全部的普拉那。能够掌控一切普拉那的修行者就达到了最高的完美境界，从此以后他不再受任何力量摆布。他几乎无所不能，几乎无所不知。

我们可以看到一个国家的每一个派别都在试图掌握普拉那。这个国家中有精神医治者、信念医治者、降灵师、科学家、假想家等等。如果我们仔细观察这些不同的派别就会发现：他们医治的方法、做法和想法的背后精华其实就是利用对普拉那的控制。不管他们清楚还是不清楚。如果将他们的理论蒸煮，那么最后的剩余物即理论的精华部分将会是普拉那。他们操纵的力量是同一种力量，也是唯一的力量——普拉那。他们治病的原理也是一样的——对普拉那的控制。问题只是他们可能还没有意识到这点。他们只是偶然中发现了一种力量能够治病，便不加深思，没有弄清楚力量的本性就利用了。这里需要澄清：这种力量跟修行者使用的相同，都来自普拉那。

每个事物存在的不可缺少的力量在于普拉那。首先，思想的火花是普拉那最为高级和奇妙的体现。其次，有意识的思想，正如我们看到的，并不是全部的思想所在。还有我们称之为本能或者无意识的思想——它们是思想的最低水平。如果有蚊子叮我，我的手自然而然地本能做出拍打蚊子的反应，这是思想的一种表达方式。我们身体所有的反射行为都属于本能这个层次的思想。再次，思想还存在意识层面：我推理、我判断、我思考、我看到事物的优点和缺点。但这并不是全部的思想。我们知道推理是很有限的，推理只能触及一定深度，过之则不及。它使用的范围实际上也是非常有限的，但是我们发现事实也能圈到这个范围中，好比彗星绕着地球的轨道运行。很明显，它们来自外界，我们给不出推论的理由和前提。这些圈子外部的现象入侵这个圈子的原因并不在于圈子自身。真正的原因来自圈子外部。修行者并不认为这是知识有极限的体现；思想可以在更高层次活动，即超意识。当思想到达这种高度和状态的时候，就被称为三摩地，凝神，绝对的全神贯注。它超越了推理的极限，直面本能和推理不能解释的现象。对身体所有的微妙的控制，在普拉那的作用下，我们的头脑被推了一把，飞得更高，变成超意识，并且在这个层次发挥应有的作用。

在这个宇宙中存在的每个层次都包含一种无尽的物质。物质上讲宇宙是一个整体：你和太阳之间并没有什么区别。科学家会告诉你做这样无谓的区分是没有意义的。一张桌子和我之间并不存在实质性的不同：桌子是物质流中的一点，而我是另外一个点，如此而已。每个点都是无尽的物质海洋中的一个旋涡。旋涡时刻都在发生变化。在一条小溪中，有成千上万的旋涡，旋涡里的水流时时刻刻都在发生变化：流进去，旋几个圈；几秒钟后，再旋出去，由新的一股水流取代。整个宇宙也是一个不停变化的物质流，各种不同的物质存在形式就是其旋涡。一种物质形式形成一个旋涡，比如说人体，停留一段时间，发生变化，旋出去，进入另外一个旋涡。这次旋涡可能是，比如说，动物体。再待几年，变化，进入另外一个旋涡，比如说矿物质块。变化依然进行，没有一样形式是固定不变的。我的或者你的身体中没有这样能够保持不变的物质，除了在字面上是一样的，都是“身体”或者什么的。月亮、太阳、人类、地球、植物、矿物，这些都是由物质流中比较大的点组成的。但是它们中没有一样是一成不变的。一切事物都处在不停的运动变化之中，物质最终形成，然后分解，再融合成为新事物。

内心世界的情形也是一样的。物质体现为以太（19世纪末，以太的概念在一些科学家中相当流行）。当普拉那处于最为微妙的状态时，以太处于一种比较活跃的状态。这个时候它体现了心理，但是它仍是一种不可分离的物质。如果你自身能创造这种神奇的活跃，那么你就能察觉到整个宇宙也处在那种微妙的活跃状态。有些时候一些药物能够将我们带入这种极其敏锐的感官状态。那个时候我们就能体会到这些动人的活跃。你们当中也许有很多人记得汉弗莱·戴维爵（sir humphry davy）的著名实验。课堂上，在笑气的压迫下，他依然毫无知觉，一动不动。实验后，他解释说整个宇宙是由意念构成的。那个时候所有显著的运动都停止了。只有那些微小的我们称为意念的东西在活跃。意念作用在他身上，他当然毫发无损了。他只能感觉到那些微小的活动就围绕在他身边。所有的一切都转变为思想。整个宇宙变成了思想的海洋。他和别人都是海洋中一个个小小的思想的旋涡。

因此，即使在思想的海洋中我们还是能找到统一的共性。最终，当我们发现自性的时候，我们知道自性只可能是一个，且不说物质是以比较宏观或者微观的形式运动，超越运动之上，自性是唯一的。即使在明显的运动中，自性还是独一无二的。这些事实不容否认。现代物理学已经证明了宇宙中所有能量总和与宇宙外部的能量总和是相等的。科学家还证明了物质存在有两种方式。它是潜在的、柔和的，之后它会以各种各样力量的形式显现出来；接着它又回到安静状态，然后再次显现出来，就这样不停地演化。像之前提到的，对普拉那的控制的学问就是调息。

我前面已经说过，调息跟呼吸无诸多联系。但是对呼吸的控制是通向真正的调息练习的一种方法。人体中普拉那最为明显的体现就是肺部活动。如果肺部停止运动，原则上讲，身体中别的生命力量的显示也会消失。但是有一些人可以训练他们的身体，即使肺部停止运动了，也不会死。也有一些人，活埋几天，没有呼吸也能活得好好的。要想做到这些，我们必须借助显著的力量，慢慢地向最微妙的力量前进，直到我们达成目标。

调息实际上就是控制肺部运动，而肺部运动跟呼吸是分不开的。并不是说呼吸产生了调息相反，是调息促使了呼吸的完成。呼吸是通过抽吸空气中的氧气，排放肺部的二氧化碳气体完成的。普拉那刺激肺部运动，继而肺部能从空气中获取需要的氧气。所以调息并不是指呼吸，而是控制肺部肌肉运动的一种能力。肺部能力通过神经传导到肌肉，从肌肉再次传导到肺部，促使它们以某种特定方式运动。这种对肌肉的控制能力就是普拉那。而我们要控制普拉那，首先就要练习调息。当普拉那受我们控制的时候，我们应该能立即察觉身体上普拉那影响下的行为，并且控制行为使它们乖巧听话。我本人见过一些人，他们几乎控制了身体上的每一块肌肉——为什么不能呢？如果我能控制某些肌肉，为什么就不能控制身体别的肌肉和神经呢？还有什么是不可能的呢？目前，我们只是对一些肌肉失去了控制，造成肌肉的运动很“自主”。我们不能随心所欲地驱使我们的耳朵转动。但是我们知道动物可以做到这个。我们不是不具有那样的能力，只是我们荒置它太久没有用，所以它不听使唤了。

如果我们经常练习，好好利用的话，我保证这种潜在的运动是完全可以显露出来的。通过刻苦练习和锻炼身体，一些不受我们控制的运动也能“束手就擒”。就我们能够完全控制身体的每一部分和器官的运动来讲，是非常可能的。瑜伽修行者通过调息就能做到这些。

你们当中可能有人读过：在调息中，屏住呼吸时，必须使整个身体充满了普拉那。在英文翻译中，普拉那这个词被译为呼吸。如此，很可能你就会对此发问：“这是怎么做到的？”其实，这里译者犯了一个错误。身体的每一部分都能充满普拉那不可缺少的力量；当你做到这点的时候，就能控制整个身体了。身体内感到的不适和痛苦也会得到缓和和控制。不仅如此，你还能够控制别人的身体。这个世界之间的事物都具有传染性，不论好坏。如果你的身体处于一种比较紧张的状态，神经绷得比较紧，这个时候你更倾向于在身边的人身上制造同样的紧张。如果你的身体健康强壮，那么你身边的人身体也倾向于变得强健。但是如果你的身体孱弱多病，那么你身边的人身体也倾向于不堪一击。在一个医生试图治愈患者的例子中，第一步仅仅是将他自己的健康转移到病人身上。人类原始的治病方法都有意识地或者无意识地运用了这种原理——健康可以传递。一个非常强壮的人和一个虚弱的人在一起生活，前者会让后者身体好了一些，不管两人了解与否。当有意识地这么做的时候，效果会更快、更好。下面还有这样的例子：一个人可能自身并不怎么健康，身体也谈不上强壮，但是他依然能够为别人带去健康。解释是这样的：这个例子中的第一个人对他自身的普拉那的控制要比第二个人做得好。在一定情形下，第一个人可以将自身的普拉那提升到另外一个高度，增强普拉那的活跃幅度，然后将之转移到第二个人身上。

在另外一些例子中，这个过程虽然跨越了很遥远的空间的距离依然能够圆满完成。但在现实生活中并不允许这种间隙的距离。什么地方才能允许这种有间隙的距离呢？你与太阳之间是否有这种间隙？物质流不停地运动。太阳是其一部分，你是另外一部分。一条河流，一段与另一段之间有间隙吗？如果没有，为什么不能穿越两者？这并没有什么好解释的。但是远距离治愈的例子却并不是空穴来风，普拉那可以传送到很遥远的地方。但对于一个真正的案例来说好像并不怎么站得住脚。这种治愈过程并不像想象中的那么容易做到。在大多一般的例子中，通过普拉那治愈，医生也仅仅利用了人体的自然健康状态。一个对抗疗法的医生来了，给他的霍乱病人开出药方。又来了一个顺势疗法的医生，也开出药方。但是后者治愈的要比前者多，因为后者并不干扰病人本身，而是照顾到病人体内的自然健康或者不健康状态。与前面两者相比，采用信念疗法的医生治愈的病人就更多了，因为他将心力放在了病人身上，通过信念，激起了病人自身不怎么活跃的普拉那。

采用信念疗法的医生经常犯的一个错误在于：他们认为是信念直接治愈了病人。但是我们知道并不是信念本身完成了治疗的目的。有一些疾病最坏的症状就在于病人压根不认为自己有病。这时候，病人这种强烈的自己没有病的信念本身就是疾病的一种症状，而且往往预示着他将不久于世了。这个例子中，信念治愈疾病的说法显然是不适用的。如果只要有信念就能治愈疾病，那这些病人就能重获健康。可事实并不是这样的，真正治愈疾病的是普拉那。心灵纯洁的人控制了他自身的普拉那，他有能力将其激发到比较高级的活跃状态，然后传递给别人，在别人身上也引起相似的活跃。在我们的日常生活中这样的例子处处皆是。我现在跟你宣讲呢，我这是在干什么呢？实际上，我正在将我的头脑带入那种比较活跃的状态。状态越好，你受我话语影响越多。每个人都知道，如果有一天我激情高涨地演讲，你就会多听我说两句；相反，如果我比较低迷，你也会觉得索然无味。

那些可以移动整个世界的人们被赋予一种强烈的意志力，他们可以将普拉那带入一种极为活跃的状态。这种力量如此强大，瞬间就能影响到别人。成千上万的人被这种力量所牵引，半个世界都顺从他们的想法。世界上伟大的先知则对他们自身的普拉那有着不可思议的控制，他们将普拉那带入了最高的活跃状态。这就是他们得以掌控乾坤的原因。各种力量大小强弱都是对自身普拉那掌控程度如何的表现，人们可能并不清楚这个秘密，但这就是唯一的解释。

有些时候，你身体某些部分普拉那的资源较充足些，有些部分则缺乏，这个时候平衡就被打破了。当这种平衡受到破坏的时候，疾病就产生了。如果我们将资源过于充足部分的普拉那拿走，或者补充资源不足部分的普拉那，疾病就能得到治愈。感觉察知我们身体的某一部分的普拉那比应该具有的普拉那要多或者少也是调息法的一部分。感知如此微妙以致我们能感觉到脚趾或者手指部分的普拉那不足，然后产生供给这些部位的能力。这些也表现了调息的各种不同功能。我们必须慢慢点滴积累，循序渐进。正如你看到的：胜王瑜伽的真谛所在就是用不同的方式教育和指导人们如何控制和使用普拉那。当一个人集中了所有的能量的时候，他就成了他身体里普拉那的主人；当一个人沉思的时候，也表现了他正在控制他的普拉那。

在海洋里有像大山一样雄伟的大滔大浪，有相对较微小的波浪，还有更小的浪花，一直小到气泡。但是不论大小，这些波涛、波浪、浪花、气泡都是这无尽的海洋的一部分。海洋的一个尽头是气泡连接起来的，另一个尽头则是汹涌的波涛。人也一样。一个人可能是一波大浪，而另外一个人则是毫不起眼的小泡泡，但是他们都与能量的海洋紧紧联系着，这是存在的每个事物与生俱来的权利。哪里有生命，哪里就有无尽的能量储存室。从微小的真菌、一些肉眼看不到，只能在显微镜下观察到的气泡，在无限的能量影响下，无时不刻都在发生存在形式上的变化。尽管变化很慢，但很稳定，直到时机成熟，它们就会发展成为植物，然后是动物，继而是人类，最终是上帝。要想完成这个过程需要几千万年，甚至几亿年、几十亿年。但是什么是时间呢？只要提高速度，努力奋斗，就能填平时间的鸿沟。

瑜伽修行者认为，需要很长时间才能完成的事情可以通过加强行动的强度缩短时间。一个人从宇宙存在的物质中吸取能量，很可能需要十万年才能变成天神，可能再消耗五十万年才能升级，可能还需要五百万年才能最终达到完美的境界。如果增加成长的速度，那么他升级的时间就会减少；如果我们足够努力，在六年内或者六个月中达到完美的境界，怎么会不可能？而且，时间还会变短，并没有什么极限。下面我会证明我所说的。如果一台烧煤的机器，载有一定量的燃煤，以每小时两公里的速度运转，假设我们给机器提供更为充足的燃煤供应，那么跑同样的路程后者需要的时间更短。同样地，为什么我们的精神就不能提高其行动强度，在仅有的这一生就获得完美呢？我们知道，所有的物质存在最终都将达到这个终极目标。但是又有谁有耐心去煎熬那几千万年甚至上亿年？为什么我们就不能在还是人体形式的时候就立刻达成这桩心愿呢？为什么我们不能现在就获得无边的知识，无穷的力量呢？

瑜伽修行者的理想和瑜伽科学的全部所在最终就是引导人们怎样通过加强理解的能力和悟性，以此缩短我们达到终极完美的目标，而不是慢慢地一点一点的前进，等到全人类都完美了。所有的先知、圣人，还有世界的幻想家……他们是怎么做的呢？仅仅在有限的一生中他们获得了全人类自始至终才能实现的完美，他们横越一个普通人实现完美的整个时间的长度。一辈子的时间，他们就完成了自身的完美升级；他们心无杂念，没有一刻是浪费在别的想法上的，因此他们获得完美的时间就缩短了。这就是专注的内涵了：提高理解能力和悟性以此缩短时间。胜王瑜伽是一门教会我们如何获得专注的能力的学问。

接着讲调息法与灵性的关系。其实，灵性也是调息法的一种表现。如果离去的灵魂真的存在，只是我们看不到的说法属实的话，那么很有可能在我们身边存在着成千上万的离去的灵魂，我们看不到，触不到，感觉不到。我们很可能一次又一次穿越再穿越他们的身体，而他们也看不到，感觉不到我们的存在和行为。它是循环中的循环，宇宙里的小宇宙。我们有五个感觉器官，我们用某种振动状态体现普拉那。所有处于同一活跃程度的事物相互之间可以看到，但是它们看不到比它们体现的普拉那更高一级，程度更为活跃的事物。我们可以不断加强灯光的强度直到灯光太刺眼，我们看不到了。但是很有可能有这样一种事物的存在，它们的眼神功能相当强大，它们是可以看到这个时候的灯光的。另外，如果活跃程度太低，我们同样看不到灯光，但是有些动物却看得到，比如说猫和猫头鹰。我们眼睛能看到的范围只体现了普拉那活跃的某一层次。拿大气来说，它是由一层一层的气体组成的，但是更靠近地面的气体要比上部气体密度大。当你离地面越来越远，那里的气体就更稀薄、轻盈。或者以海洋打比方，当你潜得越深，水压不断增强。深海生物就不可能浮上来，或者它们被压得粉身碎骨。

想象整个宇宙好比是以太的海洋，在普拉那的活动下由一层层程度各异的振动波组成。外层的振动比较弱小、缓慢；接近中心区域的振动则相对强大、迅速。设想整个系统是一个圆圈，圆点是我们要达到的终极目标——完美。你离圆点越远，振动就越低、越慢。物质是这个圆圈的最外层；更近点的一层是心理；精神是圆心。生活在某一活跃程度的人们有能力看到同一层次的人和事物，却看不到比这一层次低或者高的人和事物。在现在看来，这点再清楚不过了。但是，正如我们可以借助望远镜和显微镜来扩大我们的视野，同样我们可以将自身提高到另一个活跃范围，这样我们就能看到那里的一切事物和活动。

假设，我们待的屋子里满是我们看不到的人和事物。他们体现了普拉那的一种活跃状态和程度，我们则代表了另外一种。假设，他们代表的是比较迅速的一类，而我们刚好相反。跟我们一样，他们的构成物质同样是普拉那。我们同属普拉那海洋中的部分，唯一的不同在于活跃的速度和频率。如果我能设法将自己带入那种比较快的活动状态，那么我所在的层次就会立刻发生改变。那么，我就看不到你了，之前看不到的人和事物会出现在我眼前。你们当中有些人可能知道我没有在说谎。这种将自身心理带入一种更高的活动状态的行为在瑜伽中一个词就概括了：三摩地。这个词包括了所有更高层次的心理活动，还有超意识。而较低层次的三摩地则能让我们看到超自然的事物的存在。在三摩地的最高境界，我们一眼就能看到构成大千世界，千千万万事物的真正物质。触类旁通，知道一个由陶土构成的物质，我们便知晓了这天底下所有由陶土构成的物质。

因此，我们可以看到调息包含了一切符合灵性的内容。类似地，你也会发现当人们的身体的任何部分或者部位试图弄清楚一切玄妙的、神秘的或者隐藏的事物的时候，他们实际上在练习某种形式的瑜伽，以此控制他们身体内的普拉那。你也会发现，任何超能力的显现都是普拉那的体现。调息甚至包括了物理学的知识。是什么驱动了蒸汽机？蒸汽在普拉那的作用下发挥功能。电流等物理现象无一不是在普拉那的作用下产生的。什么是物理学？物理学就是调息学问的外部运用和体现。将自身展示为精神力量的普拉那只能通过精神手段的控制，调息中一部分试图以物理方式控制普拉那的学问就是物理学；调息中另一部分试图以心理方式控制普拉那的学问就是胜王瑜伽。

第四章

心灵普拉那

瑜伽修行者认为在脊柱内有两种神经流：右脉和左脉，还有一条称为中脉的空管，它穿过脊椎神经。这个空管比较低的一端是修行者称为昆达里尼的莲花。他们描述中莲花是呈三角形状的。在莲花内部，用修行者的象征性语言来讲，积存了一种名为昆达里尼的力量。当昆达里尼的力量被唤醒的时候，它试图在这条空管中开辟，形成一条通道。它的力量不断向上膨胀，心理一步步、一层层被打开，修行者可以体验到很多不一样的视觉和神奇的力量。当昆达里尼的力量到达大脑的时候，修行者的身体与心理就完全分开了，独立了。这个时候心灵实现了自由。

我们知道脊椎神经是以某一特殊形状形成的。如果我们将数字8横向，我们可以看到8是在中间连接起来，由左右两部分组成。现在，如果你在竖直摞一堆横向的8，这个时候的形状就是脊椎神经的形状。左边的一侧是左脉，右边的一侧是右脉，那条流经脊椎神经的空心管道就是中脉。当脊椎神经到腰脊部位时，会遇到比较纤细的纤维组织，空管甚至能穿过这些组织，只不过管道变得细窄而已。再往下走，空管到头了，旁边是被叫作骶尾骨丛神经丛。根据现代生理学，它形状呈三角形。不同的神经丛在脊柱通道里有不同的中心，很好地代表了修行者所说的不同的“莲花”。

瑜伽修行者认为人体内有几个中心，以骶骨尾骨丛开始，以大脑中的千瓣莲花结束。如果我们将修行者说的不同的神经丛看作这些莲花的代表，那么修行者的想法用现代生理学的语言就十分容易理解了。我们知道神经流中有两种行为：一种输入性神经，一种输出性神经；一种感觉神经，一种运动神经；一种向心的，一种离心的；一种将感觉传导到大脑，另外一种将大脑反馈的信息传回身体外器官和部位。长久来看，这些活动跟大脑都是息息相关的。

为了解释清楚，我们还需要提醒大家几个事实，请务必记住。一端在大脑的脊髓，在脊髓中以一种球茎状的形式存在，即它并不是与大脑直接接触，而是浮在大脑的液体上，这样如果我们的头部受到重击，力量会分解在液体上，这样我们的球茎就不会受到危害。记住这一点很重要。其次，我们要记住，在所有神经中枢中，尤其重要的有三个：基础的骶骨尾骨丛；顶丛，即大脑中的千瓣莲花中心；腹部丛，即脐莲。

下面我们举一个物理学中的例子。我们都听说过电力和各种与其相关的别的力量。没有人清楚什么是电。但是最近人们知道电实际上是一种运动。宇宙中还有诸多的别的形式的运动。那么这些运动和电的运动的区别在什么地方呢？假设，一张桌子可以移动，那么组成这张桌子的分子也朝不同的方向运动。但是，如果我们设法使这些分子都朝一个方向运动，这个时候的运动就是电流了。当组成我们身体的分子都朝一个方向运动的时候，电流就显现出来了。如果房间里的空气分子都朝一个方向运动，那么房间里就会产生巨大的电流。

还有一点我们需要铭记。从生理学角度讲，神经中枢负责调节呼吸系统。神经中枢同时也控制着整个神经流系统。现在我们明白了为什么要练习有节奏的呼吸。首先，这里比较倾向于使身体分子朝一个方向运动。当我们的心理变成一点，我们的信念也就很强大。神经流也形成一种类似于电流的运动状态。在电流的作用下，神经产生了磁性，这点已经得到证实。这说明当信念转化为神经流的时候，它变成了一种类似于电流的东西。因此，当身体的全部运动十分有节奏的时候，身体就变成了带有巨大电量的信念的电池。这个强大的心愿正是修行者想要习得的东西。因此，这也是生理学对调息法作出的解释。调息法试图引导我们的身体进入一种和谐的有节奏的运动状态，通过呼吸中心帮助我们控制别的神经中心。调息法的目标在于帮我们唤醒储存在骶骨尾骨丛中心的能量——昆达里尼。

我们看到的或者想象到的或者梦到的一切事物都必须在空间里感知。这个空间是普通的空间，或者叫作物质空间。当修行者能够进入别人的脑子，了解别人的想法的时候或者感知到超感官上的事物，他是在另外一个空间看到或者感知到这些的。这个空间我们叫作意识空间或者心理空间。当感知不再具有目标和目的的时候，我们的心灵自身处于一种绝对的自由状态。这个空间我们叫作知识空间。当我们体内的昆达里尼被唤醒，进入中脉管道的时候，我们所有的感知都是在心理空间里完成的。当昆达里尼不断向上到达通向大脑的另外一端的时候，没有目标的感知就是在知识空间里完成的。

以电流做类比，我们发现，只有通过电线才能传导电流（注：读者应该记得这点陈述在无线电报发明之前）。但是大自然却是不需要任何电线就能传导其巨大的能量流的。这说明电线并不是真正必要的工具，只是我们不能脱离电线的无能才迫使我们不得不使用电线。同样地，身体所有的感觉和运动都通过神经纤维这条“电线”传进去给大脑，然后又通过神经纤维从大脑传出去。脊髓的感觉和运动纤维便是修行者的左脉和右脉。它们是向心的和离心的神经流流过的主要通道。但是为什么我们的心理不用电线就能发出信息或者没有电线就能做出回应呢？我们看到大自然没有电线就完成了。瑜伽修行者告诉我们如果我们想要做到这一点，我们就必须摆脱物质世界的束缚。这点对于一个人来说如何做到呢？如果你能成功地让神经流通过位于神经中枢的中脉管道，问题就迎刃而解了。心意已经将神经系统的联网设置好了，但是如果心意要不经过电线就能通过网络，前提就必须先与这个系统分离。这个时候所有的知识都会一拥而至，我们从此不再受身体的束缚了。这也解释了为什么控制中脉如此重要。瑜伽修行者说，如果可以将心意不通过空管中类似于电线一样的神经纤维传递出去，那么问题就得到解决了。修行者也说这个是可以做到的。一般人的中脉比较短，一端并未靠近大脑，也没有什么神经流流经。对此，修行者建议我们通过做练习打通中脉使神经流顺利通过。

当神经中枢接受到某种感觉便会对此做出反应。对运动中枢而言，是先有动作才会有感应，而对意识中枢来说则是先有感知，之后才会产生运动。所有的感知都是对外界行为的反应。那么，这些感知又是怎样出现在梦中的呢？做梦的时候外界并没有任何行为发生。那么感觉一定是蜷缩在某个地方了。比如说，我看一座城市，对于城市的感知都来自我对构成城市的外部物体的感觉做出的反应。这就是说，有一部分大脑分子被城市的外部物体通过神经传递进来的运动固定了。现在，即使过了很长时间，我也能记得那座城市。梦正是同一种现象，只不过形式更为柔和、婉转。但是，固定了大脑中与此相仿的温和运动的感觉又从何而来呢？肯定不是来自原始感觉，一定是从蜷缩在某处的感觉而来。这些感觉引起了轻微的反应，这种反应我们叫作梦的感知。

这些残留的感觉被储存起来。最根本的容器叫作做骶骨尾骨丛，也叫做储存所。而那些行为蜷缩起来的能量就是昆达里尼。对外部事物的大量研习或者冥思苦想之后，很有可能残留的运动能量也被储存在同一中心——骶骨尾骨丛的部位。也许，骶骨神经丛也受到影响，活动起来。这种形势下，如果蜷缩的能量被唤起激活，然后有意识地通过中脉管道，随着能量在多个中心发生作用，将会产生剧烈的反应。当一部分微小的能量沿着神经纤维传导，引起神经中心的反应，梦或者想象的感知就产生了。但是长时间的冥思苦想积攒了大量的能量。能量沿着中脉管道，激烈地作用于各个中心。此时产生的反应非常强烈，远超过对梦或者想象的感知，超过对感官的感知反应的强烈。这是一种超感官感知。当这种感知到达所有感知的中心，大脑的时候，整个大脑做出回应，结果是我们的头脑充满了耀眼的光芒，对自我的感知出现了。随着昆达里尼能量通过大脑的一个又一个中心，一层一层深入，大脑这个时候向我们敞开了大门。修行者感知到宇宙最自然的、最佳的形式，对宇宙的感觉和反应产生了，因此我们敞开了知识的大门。了解了原因，那么自然会明白结果。

因此，激起我们体内的昆达里尼是一条也是唯一一条通向神圣的智慧、超意识感知和自我心灵的实现的道路。唤醒昆达里尼的方式多种多样：爱上帝，乞求完美圣人的仁慈或者分析信念的能力。当一般人称之为超自然的能力或者智慧出现的时候，这实际上体现了昆达里尼在中脉管道中激起反应。大量例子中，人们仅仅无知地重复那些释放了一丁点儿蜷缩的昆达里尼的练习中。所有的祈祷，有意识的或者无意识的，最终都指向一个结果。认为自己从神灵那里接受到某种回应的人，并不清楚这种愿望的满足正是来自自身。他成功地通过祈祷的心理态度唤醒了储存在自身的无限能量的一小部分。修行者向全世界宣扬人们诚惶诚恐地以各种名目做的祈祷所追求的实际上是每个人自身都具备的，这种力量就是保持恒久快乐的源泉。胜王瑜伽就是宗教的学问，是所有祈祷、礼拜、形式、仪式和奇迹的理论基础。

第五章

心灵普拉那的控制

现在我不得不讲讲如何练习调息。在前面我们也看到了，瑜伽修行者认为调息就是对肺部运动的控制。我们要做的就是感知我们体内正在进行的那些微小的运动。我们的头脑被外部化习惯了，失去了察觉身体内部微小运动的能力。如果我们能够感觉到运动的存在，那么我们就可以开始控制这些运动了。在全身流动的神经电流，给我们的每一块肌肉带去了生命和活力，但是我们却感觉不到。瑜伽修行者说，我们可以学习感知这些。但是怎样学习呢？方法就是通过控制肺部的运动。如果我们练习这个足够长时间的话，我们就能察觉到体内微小的运动并加以控制。

现在我们来探讨一下调息的练习。坐下、坐直、保持身体直立。脊髓虽然并没有贴着脊柱，但是仍然在后者内部。如果身子没有坐直，就会弯曲脊髓。所以一定要坐直，自由放松。以后每一次没有坐直，就想想你实际上是在伤害自己。胸部、颈部和头部也要保持在同一直线上。只要稍加练习，这些做起来就会得心应手，跟呼吸一样容易。我已经说过控制着呼吸器官的神经中枢，在别的神经上也有某种控制的效果，所以有节奏的呼吸是很有必要的。我们平常的呼吸方式根本不能称为呼吸——太没有规律了。而且男女之间的呼吸还存在一些区别。

第一课就是科学的呼吸——吸入和呼出。合理的呼吸使整个身体系统和谐。当练习了一段时间后，你再做呼吸练习的时候，可以口中重复“Om唵”这个词，或者别的神圣的词语。在印度我们做练习的时候口中念念有词。这些词语具有某种象征意义，我们还可以据此衡量呼气和吸气所用的时间长度，而不是数数字一、二、三等等。这也是我为什么建议你在练习的时候在心里重复这些神圣的词语的原因。随着你呼出和吸入，这些词语可以帮助我们有规律的呼吸，并且使整个身体都有节奏地运作起来。这个时候你能体会和享受到真正的休息，睡觉与此相比根本称不上是休息。当这种休息降临我们身体的时候，即使最困倦的神经也会镇静下来，这个时候你身体得到享受是你之前从未有过的体验。

练习收到的第一个成果很快就会显现在人的面部表情上面。脸部那些僵硬的线条消失了；我们内心平静，因而面部也呈现出了平静的迹象。练习的下一个成果是我们获得了美丽的声音。我从来没有见过哪个瑜伽修行者操着一口公鸭嗓子的。这些标志和成果几个月的练习下来就会表现出来。

我们做了上文所说的呼吸练习，几天下来，你应该尝试一个更具挑战的练习。通过左鼻孔吸气，同时将注意力放在左边的左脉。这个时候，你好比是正在将神经电流往下传递到脊柱并且猛烈碰撞最后的神经丛，呈三角形状的基础的莲花，也是昆达里尼所在的位置。然后将神经电流保持在那个方位一段时间。下一步想象你正将神经电流随着呼吸一起转入另外一边的右脉；然后慢慢地从右鼻孔将气呼出。这个操作起来可能有点困难。最简单的方法就是用大拇指堵住右鼻孔，然后从左鼻孔慢慢吸入空气；然后用大拇指和食指堵住两个鼻孔，想象你正在将神经电流往下传递并且猛烈撞击中脉的基底；然后放开大拇指，从右鼻孔呼出空气。下一步，从右鼻孔吸入气体，同时用食指保持另外一个鼻孔不通气；然后将两个鼻孔都堵住，然后接着重复上面的动作。

这个练习方法对于其他国家的一般人来说是很困难的，因为教徒从孩童时期就开始做这种练习了，他们的肺部已经习惯了，做好了准备。一般人最好从比较简单的开始。先从四秒钟开始，然后慢慢增加时间长度。用四秒钟吸入空气，保持十六秒钟，然后用八秒钟呼出空气。这就是一个过程的调息。同时想象着那个形状为三角形的基础莲花；将注意力放在那个点上。想象对你的帮助不可小觑，它使练习更加有效。

下一个练习就是慢慢地吸入空气，然后立刻慢慢地呼出，然后屏住呼吸。时间长度还跟上面一样。唯一不同的是第一个练习里呼吸是保持在肺部一段时间；而第二个是立刻呼出。第二种练习方法较为简单。前一个练习中我们屏住呼吸的练习是不能经常做的。每天早四次晚四次就可以了。之后你可以慢慢地增加时间和数量。你会发现你对此越来越得心应手，并且很享受这个过程。很谨慎小心地增加数量，如果你觉得自己有能力，可以一个回合做六个而不是四个。你一定要有规律的练习，否则会受到伤害，对自己不利。

上述对普拉那控制的三种练习方法中，第一个和第三个既不难也不危险。第一个练习你做得越多，就越平静镇静。当你呼吸的时候，口中或者心里默念“Om唵”。这个练习，即使你在坐车上班的时候，也可以做的。你会受益不少。如果你练习刻苦，终有一天你会激起体内的昆达里尼。那些一天只做一次或者两次练习的人，身体和心灵会出现少许的平静，人的嗓音也会优美起来。只有那些可以坚持下来并且刻苦练习的人，他们并不满足这些，才有可能激起体内的昆达里尼。昆达里尼活跃起来之后，我们的本性就开始变化，知识的大门也向我们敞开了。你再也不用依靠读书来增加自己的知识和见识，你自己的心理就变成了你的书本，这本书包含了无尽的知识。

前面我已经提到过左脉和右脉。它们流经脊柱的两边，也流过了通向脊髓中心的通道中脉。这三部分动物身上都有——只要有脊柱的生物。但是瑜伽修行者认为一般人和动物的中脉是关闭的，它的活动并不明显。但是另外的两部分会将能量传递到身体的各个不同部位。

中脉只对修行者敞开，当神经电流从中脉中开始升起，我们超越了身体的感官，我们的心理超越感官，变成超意识；我们甚至超越了推理不能到达的智力。修行者首要的目标就是打开中脉的通道。修行者说，神经中心是围绕着中脉展开的，在瑜伽修行者形象的语言中，那些神经中心就是一朵朵的莲花。第一个最低的位于脊髓（spinal cord）的底部叫作骶骨尾骨丛（muladhara），第二个比较高的叫作骶骨丛（svadhisthana），第三个叫腹部丛（manoipura），第四个叫心丛（anahata），第五个叫喉丛（visuddha），第六个叫眉间丛（ajna），最后一个位于大脑中，叫作顶丛（sahasrara）或者“千瓣莲”。现在我们要看的只有两个中心：最低的骶骨尾骨丛和最高的顶丛。所有的能量都从骶骨尾骨丛出发，到达顶丛。

瑜伽修行者表明：在人体所有的能量中，最高级的能量他们叫作活力。现在，活力的能量都储存在大脑中。一个人的活力越多，就越强大、越明智，心理上越坚强不屈。一个人可能用优美的语言表达崇高的思想，但是他并不能打动人们，不能留下深切的印象。另外一个人可能并没有什么华丽的语言来表达自己，但是他的话语很有魅力，他的每一个动作都强有力，这个力量就是活力。

现在，每个人或多或少身上都储存了这种活力的能量。身体中所有正在发挥功能的力量中最高级的形式就是活力。你一定要记住：能量之间是可以转化的，身体外部的力量，比如说电力或者磁力会转变成身体内部的力量。同样，身体外部的肌肉能量也能转化为活力。瑜伽修行者说有一部分的人体能量转化为性行为和性心理，当我们控制了这种行为和校正了这种思想的时候，这部分能量也转化为活力。性行为和性心理是由骶骨尾骨丛中心控制的，所以修行者对这个中心给予了特别的关注。他试图将所有的性能量转化为活力，只有纯洁的女人和男人才可能创造活力，然后将能量保持在大脑中。这也是为什么贞节被视为最高尚的道德。如果一个人觉得自己不纯真，他的精神就不在了；他失去了精神活力和道德耐心，这也是为什么世界上所有剩下的宗教都坚持绝对的贞洁的原因，只有这样才可能创造真正的精神巨人。这也是为什么这个世界上存在放弃了婚姻和女人的和尚。我们不论在思想上、行为上，还是言语上都要保持完全的贞节和圣洁。如果做不到这点，我们练习胜王瑜伽是相当危险的，而且可能引导我们精神错乱。如果一个人练习胜王瑜伽的同时过着不纯洁的生活，又怎么能期望自己成为修行者呢？

第六章

制感与执持

下一步叫作制感。制感是什么呢？你知道我们是怎样形成对事物的认知和感知的吗？首先得有外部事物和工具；然后是通过大脑中心作用于身体的内部器官，最后才是心理。当这些元素都集合在一起的时候，我们将它们转移到外部事物上，这个时候我们就获得了对事物的认识和感知。要同时集中头脑将其转移到一个器官上是相当困难的，这时候，头脑仅仅是客观存在的事物和物体的奴隶。

我们早已习惯听到全世界的大人教育孩子们说“好好的”“老实点”“别乱动”等等。这个世界上几乎没有哪个国家的孩子没有被告诫“不许偷东西”“不许说谎”，这样的孩子还没有出生。但是却没有人告诉孩子，怎么才能不偷窃、不说谎。因此仅仅是口头上的警告和吆喝并不能帮助孩子。他为什么不能做贼？我们并没有告诉孩子怎样不偷窃。我们仅仅告诉孩子“不能偷窃”。只有当我们告诉孩子怎样从心理上控制他的想法，我们才算真正帮了孩子一把。

所有的行为，不论外部的还是内部的，都是出现在我们的心理并将自己与身体的某些叫作器官的中心联系起来才产生的。人们自愿地或者不情愿地将他们的心理与某些中心联系起来，这也是为什么人们做了愚蠢的事情，并且为此遭罪。但如果他们能够控制自己的心理，就不会这么做了。控制了心理有什么结果呢？这个时候心理就不会将自己与身体某些感知中心联系起来。这个时候身体器官的自然感觉和愿望就会受到控制。目前这一点已经很清楚。但是有可能做到这一点吗？答案是肯定的。在现在社会我们也能看到这样的例子，眼见为实。采用信念疗法的医生引导人们否认那些痛苦、不幸与邪恶的存在。他们的哲学总是在兜圈子，但是他们利用的却是瑜伽的一部分原理。当他们成功地使病人通过否认痛苦的存在解除了痛苦的时候，他们实际上在利用制感，因为他们使病人的精神足够强壮以致可以忽视那些痛苦的感觉。催眠家也利用了同样的原理，在他们的言语和暗示下，病人那个时候激起一种病态的制感。所谓的催眠暗示只能在病人心理比较脆弱的时候使用，通过专注的眼神或者别的什么，成功地将心理对某种事物的联系变成一种比较消极、病态的状况。做不到这一点，催眠就是不成功的。

但是病人本身就具有那种可以控制大脑中心的能力。不管是催眠家还是采用信念疗法的医生都应该受到谴责，因为他们的治疗方法最终只能给病人带来损害。他们并不是依靠病人自身的意志力来控制大脑中心，而是将他们自己的心理突然传递给病人。他们并不是要通过绳索和力气检验炽热的拔河队的力量；而是在烈马头上抽了几鞭子，让马儿暂时温顺下来。每进行一步，病人就失去了一部分自己的心理能量，直到最后，他的心理变得没有形状，没有力量，而不是获得完全的控制。最终病人的目的地只能是疯人院。

所有非个人自愿，心甘情愿做出的控制行为都是有害的并且会导致最终的苦果。每个心灵的目标都为了自由和掌控——从物质和思想中解放出来，掌控外部和内部本性。别人的想法，不论产生的形式如何，它或者直接控制了我们的器官或者强迫一个控制别的出于病态的器官。这些只能将我们与过去的想法和迷信的束缚联系更加紧密，徒增我们的负担和压力。这些并不能使我们的心灵获得自由。因此，一定要谨慎你允许自己受到别人干扰和作用的限度如何。同时也应该注意到你自己是不是也正在干扰和作用在别人身上。很多人给别人的影响很好，没错，一段时间内是给别人增加了不少爱好和乐趣。但是与此同时，他们无意识地给周围的男人和女人一些暗示。这些将使人们陷入一种病态的、消极的、催眠的状态，最终将使他们没心没肺地活着，他们已经不再有属于自己的心灵。

任何人只要要求你盲目地信从，或者用他较为高级的心理能力牵引你，都伤害了人类，虽然他的本意可能不是这样的。因此，我们要用自己的头脑控制自己的身体和心理。要知道：除非你是生病的人，否则不可能要让任何人在你的头脑和心理上有任何发挥的余地。那些要求你盲目听信的人，不论好坏，都要拒绝他，少和他们来往。

全世界都有这样的派别：他们乱舞、瞎跳、狂叫。他们的影响像传染病一样四处传播。他们实际上也是一种催眠家。那些敏感却又无知的人完全受到他们的蛊惑和控制。这些不负责任却又宣传拯救众生的人，他们的心已经停止了思考他们为整个人类带来了多大的伤害。他们很少知道在他们的音乐声中和祈祷下，他们的暗示使那些心灵突然暂时得到膨胀的人们只会变得意志消沉、消极被动、病态无力。更严重的是人们完全将自己暴露在外来的暗示大军中。这些人实在是太邪恶了，十恶不赦。那些无知的、受骗的人们正在欢喜自己突然拥有的转变人心的神奇能力。他们认为这是高居在云端的上帝为他们带来的福音和恩赐，他们又怎么能想到他们正在播种未来的腐烂、犯罪、疯狂和死亡的种子呢。因此警惕那些可能带走你自由的一切东西。失去自由是危险的，也是我们担负不起的，因此我们要在能力范围内千方百计地避免这个发生。

能够自主地将自己的心意转移到身体中心或者与其分离的人就成功地做到了制感。制感就是"集合力量"，检查心理发出的能量，将其与身体器官的奴役分离，获得自由。我们做到这个的时候才算获得了自己的个性。然后我们还要经过很长时间才能获得自由，而在这之前我们不过是没有头脑的机器。

要控制心意是多么的难！在下面我要讲的故事中，心理被比作了发疯的猴子。有一只猴子，像所有的猴子一样，本性难以安静。但是好像这还不够一样，有人居然肆意让猴子喝酒。喝了很多酒之后，我们能够想象猴子更加躁动不安了。然后猴子突然遭到蝎子蜇了一下。人要是被蝎子蜇了一下，一整天都会疼痛难耐。猴子的情况比这个还要糟糕。为了结束猴子的痛苦，一个魔鬼进入了猴子的身体。有什么言语能够描述猴子无法控制的不安与躁动？人的心理就好比是那只猴子。本性不停地活跃，然后喝欲望的白酒，醉醺醺，因而活跃的程度更大了。欲望占据了我们的心理，却被嫉妒别人成功的蝎子蜇了一下；最后骄傲的魔鬼进入了头脑和心理，使心理以自我为中心，得意扬扬。我们知道要控制这样的心理状态有多么困难。

第一步要学的就是，先端坐一会儿，让心意顺其自然。我们知道，心意时时都热得冒泡，忙得不可开交。它就像是那只上蹿下跳的猴子。那我们就让猴子尽情地跳吧。你在一边静观其变，耐心等着。古谚说，知识就是力量。古人说得没错。如果你不了解心意进行的活动我们是没有办法控制它的。我们要给它活动的机会和空间。很多可怕的思想都会涌向我们的头脑和心意，你也会惊奇你怎么可能怀有如此鬼胎和恶瘤。但是日子一天一天过去，你会发现心意的奇特活动和想法渐渐减少，活动强度也弱了许多，渐趋平静。前几个月，你会发现心意和头脑有很多想法；之后有所减少。再过几个月，这些想法越来越少，直到最后心意没有想法，绝对平静了。这个时候我们完全控制了我们的头脑和心意。但是每天你都要耐着性子做练习。只要有蒸汽力在，机器就会运转起来。我们面前有事物存在，我们就要感知和认知。所以，是人的话，为了证明自己不是机器，必须展示给我们：他并不受任何事物的控制。这种对心意和头脑的控制并且使其不掺和身体中心的练习就是制感。怎样练习呢？这是一项非一日之功的巨大的工程。所以我们要做好准备，长期奋斗。几年、几十年甚至更长的时间耐心地、不停地练习和挣扎后我们才能成功。

当你练习制感一段时间后，开始下一步练习执持，即将心意和头脑集中在某些点上。这是什么意思呢？就是强迫我们的心意和头脑感觉身体某些部位而不管别的部位怎样。举个例子说，只感觉到手部，而不理会和观察身体别的部分。意识或者心意局限于某一个确定的部位就叫作执持。执持的种类多种多样。当我们做执持练习的时候，最好配合一些想象。比如说，心意和头脑应该想象心中的一点，这个很难做到，比较容易做到的是想象心中有一朵莲花。莲花充满了光芒——灿烂绚丽，将心意就放在这里。或者想象大脑中有一朵闪耀着光芒的莲花；或者想象璀璨的莲花位于前面提到的中脉不同的神经中枢。

修行者必须要坚持练习。他应该尝试独居，跟各种各样的人交往会分散修行者的心。修行者也不应该滔滔不绝，因为说话太多也让人分心；修行者不应该工作太多，因为太多的工作让人分心；如果人辛苦了一整天，心意是控制不了的。谨遵这些规则才能成为瑜伽士。

即使最少的付出也能为我们带来巨大的利益，这就是瑜伽的力量。它不会伤害任何人，相反它对每个人都有好处。首先，它能使不安、紧张、激动平静下来，使我们更清楚地看清事物的本质，让我们的性情和健康都会得到改善。身体健康只是其中一个征兆，其次，你的嗓音会变得更加甜美，声音里不完美的部分也会得到改善。这些都在我们首先能看到的效果之中，尤其在那些努力练习的人身上会出现别的显示。有的时候，远处的一声铃响掺和别的声音落入我们耳中，变成了一串串不绝的铃声。有的时候，能够看到平时看不到的东西——一个小亮斑点飘移不定然后越变越大。当这些出现的时候，说明修行者正在取得飞快的进步。想要成为修行者，刻苦练习的人首先一定要注意自己的饮食。但对于那些不想做很多练习，只是想过一般人那种商业生活的人，应该注意不能吃太多；不同的是，他们只要高兴吃，吃什么都可以。

那些想要取得迅速进步，刻苦练习的人必须保持严格的饮食习惯。如果他们喝牛奶，吃杂粮，几个月下来，相当有益。当我们的身体结构越来越精致，我们发现即使一点点的不合规律的饮食也会破坏整个身体的平衡。多吃一点或者少吃一点都会影响到整个身体系统。只有我们完全控制得当，那个时候我们就能想吃什么就吃什么了。当一个人精神集中的时候，假使地上掉了一根针的声音对于大脑来说可能都是个晴天霹雳。随着我们身体调适越来越好，我们对事物的感知也越来越细腻。这是我们不得不通过的阶段，所有坚持下来的人会取得成功。放弃所有争论和别的令我们分心的事物，那些枯燥的、学术的行话有什么用呢？它仅仅打破了心理的平衡，打扰了头脑的安静。而存在于更加微小和奇妙的层次的事物一定要得到实现。但是光说就能行吗？所以放弃所有的无谓的谈话，省点力气和精力。那些有过真正的精神体验的作者写出的作品才是我们要拜读的。

学习一下珍珠牡蛎的精神。有一个美丽的印度传说，据说下雨的时候正是斯瓦提（svati）星升起的时候。如果有一滴雨落入牡蛎身体中，雨滴就变成珍珠，牡蛎知道这个。当星星出现的时候，它们就来到海面上，等着能够接到珍贵的雨滴。当雨滴落到牡蛎贝壳里，牡蛎立刻合上贝壳，然后潜回海底，耐心地等待雨滴变成珍珠。你也应该像牡蛎一样。首先，仔细听，然后理解领悟，接着抛开所有的心思杂念，拒绝外界事物的影响，全心全意研究和发现自身的真谛。如果我们因为一个事物新颖就去关注，热情过后，就去追求另外一个更加新潮的事物。这样做很危险，因为我们浪费了很多身体的能量。追求一样东西，然后紧追不舍，不离不弃，直到最后。在你看到最后的结果前，永不言弃。为了一个想法痴狂的人，也只有他自己才能看到光芒和成果。这个尝试一下、那个尝试一下的人，永远不可能真正学会任何东西。此刻他可能为神经搔搔痒，但也只是到此为止了。这样的人将成为自然的奴隶并且永远不能超越感官的束缚——他们永远是俗人。

一个想要成为瑜伽士的人，一定要永远放弃这种喜欢新鲜东西、不能对事物保持忠一的恶性。追求一个理想，让理想成为你的生活。思考它，梦想它，靠它活着。让头脑、肌肉、神经、身体的每一部分都充满了这个理想，永远不花精力去酝酿别的想法，这才是通向成功的道路，这才是伟大的精神巨人产生的原因，别的都是会说话的机器。如果我们真的想要受到庇佑，保佑别人的话，这一步还不够，我们还要更进一步。

第一步是不要打扰我们的心意和头脑，不和那些持有令我们心思烦乱想法的人交往。我们都知道有些人、有些地方、有些食物跟我们不合。那么就不接触那些人，不去那些地方，不吃那些食物。如果想要获得实现瑜伽的最高层次那么一定要断绝与所有人的往来，不论好坏。你必须将整个心思都投入其中，而不去想结果怎样。如果你足够坚决勇敢，六个月后你就是个完美的修行者了。如果只是杯水车薪的练习，三天打鱼两天晒网，不专心练习受其他事物干扰而分心的人，他们是不可能取得进步的。仅仅是参加瑜伽的课程是没有用的，那些满心黑暗力量、那些无知而无聊的人、那些心理从来没有聚焦过的人、那些只是渴望一些有趣的事物的人，哲学是很好的选择，因为它们是娱乐的好方法。这些人都是没有恒心的人，人云亦云，没有自己的想法。他们听到有人说教，觉得不错，回家之后就全忘记了。要想取得成功我们必须保持巨大的决心、毅力和恒心。我们的意愿要非常强——永不放弃。坚定不移的心这么说“我要饮干那一江江水”，“在我的意念下，大山也会崩裂”。拥有这样旺盛的精力，怀着这样强大的意愿，抱着努力奋斗的信念，不达目的不罢休，最终你将达成目标。

第七章

禅定和三摩地

我们大致将胜王瑜伽的不同步骤讲了一遍，除了更加高级的冥想训练。凝冥训练也是我们练习胜王瑜伽要完成的一个目标。作为个人，我们知道，那部分称之为理性的知识被叫作意识。我对这张桌子和你的存在的意识让我知道你和桌子都在这里。同时，我意识之外意识不到的存在也占了很大一部分，比如说，没有人会意识到身体内部和大脑的器官。

我吃东西的时候是有意识的，但我消化食物却是无意识的，当食物转化为血液，这个过程也是在我无意识中完成的。同样，在无意识中，充足的血液满足身体各个部分的需要并加强了身体的素质。但是完成这一切的不是别人，正是我自己。一副身体里显然不可能有二十个人。我又是怎么知道完成这一切的是我而不是别人呢？可能有人会这么说：我的工作就是吃，消化食物和由食物加强身体的事情则是别人做的。可以肯定这是绝对不可能的事情。我们已经证明：现在无意识下的每个行为都有可能上升到意识的层面和阶段。我的心脏在跳动，但这种跳动很明显并不受制于我自身。没有人能够控制心脏，心脏是以自己的方式在跳动。但是通过练习，人们甚至可以控制心脏的跳动，想要让它跳快点，跳慢点，或者停止跳动一段时间，只要你想，这些都可以做到。几乎身体的每一部分都可以得到控制，这说明了什么呢？意识之下的功能也是由我们来演绎完成的，只是我们在无意识中做到的而已。也就是说，我们的头脑在两个层面中产生作用。第一个层面是意识层面，这个层面我们完成任何事情总是伴随着主观的感情，是“我”做的。另外一个层面，与此不同，任何功能的产生跟自我没有关系，是无意识下完成的。在“我”的影响下完成的工作是有意识的工作，反之则是无意识的工作。在比较低级的动物中这部分无意识的工作，我们叫作本能。在比较高级的动物和最为高级的人类中，有意识的工作胜过了本能。

但是事情到此并没有完结，我们还有一更高的精神活动层面，它超出了意识范畴。正如无意识的工作是下意识一样，也有一种上意识活动，并且也和“我”没有关系。伴随自我的层面只是中间的层面。当头脑超越或者低于这个层面，就没有自我这种主观感情的存在了。但是头脑这个时候仍然在发挥作用，当头脑超越自我意识存在，这种存在的层面就是三摩地，也叫超意识。那么我们又怎么知道一个处在超意识层面的人不是在下意识层面，他没有向下退化而是向上升华了呢？两种情况下完成的工作都没有自我的因素。答案是，通过工作结果和影响我们判断哪个在意识之上，哪个在意识之下。当一个人熟睡的时候，他进入的层面在意识层面之下。他的身体一直在运行：他仍然保持呼吸，甚至可以移动身体。但此时他对此并没有意识，这些似乎都不是他自己完成的，这个时候他是无意识的状态。当他睡醒的时候，人还是睡觉之前的那个人。他睡觉之前的知识总量也没有发生变化，并没有增长，他没有得到任何的启发。但是当一个人进入超意识层面，如果睡觉前他是个愚人，那么睡醒之后他便成了一个智者。

是什么造成了这样不同的结果？在一种状态下，一个人前后没有发生变化；而在另外一种状态下，他受到了启发，开悟后变成圣人、智者、先知——他整个本性都变了。他的生活因此而改变了，他活在希望和希冀中。这是两种不同的结果。既然结果不同，那么引起结果的原因一定也不一样。一个人从三摩地层面获得的启发远比从无意识状态获得的要多，在意识层面通过推断我们可以得到这样的结论。因此，只可能是超意识层面和状态，所以三摩地状态也被叫作超意识状态。

简单地说，这就是三摩地的主旨。那么，怎么运用三摩地呢？理性领域或心意活动的领域狭隘而有限，人的理性可以适用的圈子是十分小的，超出这个圈子之外就不能发挥作用了。试图超越是徒然无功并且终究要失败的。但是在推断圈子之外存在所有人类都最为尊崇的东西。所有这些问题——不论是否存在不朽之魂，上帝或者存在一种至高无上的智慧指引着整个宇宙——所有这些问题都超出了理性的范围。理性永远不可能回答并且解决这些问题与困惑。理性告诉我们什么呢？它说："我是个十足的不可知论者，我不知道该同意还是反对。"但是这些问题对我们来说很重要，如果回答不了这些问题，人类的生活就变得漫无目的，没有意义。

我们所有的伦理观、道德观，所有人类本性的美好和伟大之处，都是理性圈子之外的答案形成的。因此，我们应该首先回答这些问题，这点很重要。如果人生只是一出短剧，如果宇宙只是原子的幸运组合，那么我又凭什么要善待别人呢？为什么我拥有仁慈、正义或者诸如此类的感情呢？阳光照耀之下，这世界上人类能做得最好的事情就是为自己活着，一切以自我为中心。如果没有希望存在了，我又有什么理由爱护我的兄弟，而不是扭断他的脖子？如果这个世界没有自由，只剩下了严刑酷律，没有别的了，那么我能做的就是让我活得开心点。这年头，很多人都说，他们在利用道德底线。什么是底线呢？就是为最多的人获得最大的幸福。但是我为什么要这么做呢？如果我的目的不是为最多的人获得最大的幸福，功利主义者又会怎么回答这个问题的呢？你又是从哪里知道怎么做是对的，怎么做又是错的呢？我受迫于自身对快乐的欲望。我的本性如此，我只想着满足它，除此之外，我什么都不知道，我这些欲望一定要得到满足。你又怎么好抱怨？那些关于人生、道德、不死的心灵和上帝，关于爱、怜悯、做个好人，最重要的是，关于无私，所有这些真谛又是从哪里来的呢？

所有的伦理道德、人类的行为和想法都集中在一点上就是无私。人类整个主旨就在于“无私”这个词语上了。那么我们有什么理由要无私呢？无私的必要性、强迫我无私的动力和动机又在什么地方呢？你把自己叫作理性的功利主义者，但是如果你不能向我说明你功利的理由，那么对不起你是不理性的。请跟我说说我为什么要无私。要求一个人无私可能像写诗一样美好，但是诗歌不是理由。还是请告诉我我为什么要无私，并且做个好人？因为某某知名人士这么说对我来说没有任何实在的意义，他们的话语在我这里没有分量。我无私有什么功用呢？如果功用指的是最大的快乐，但是功用对我来说则是自私的活着。答案是什么呢？功利主义者永远不会给出答案。那些拥护无私、谆谆教育人们要无私的人又是从什么地方得到这个想法的呢？我们知道这个想法并不是出于本能，那些靠本能活着的动物并不知道这一点；这些不是理性，理性对无私的想法知道和掌握并不多。那么，这些想法到底是从哪里来的呢？

我们研究历史的时候发现，全世界的伟大的宗教大师们都同意一个事实，那就是他们从高层获得了这种教义和想法。只是很多人并不清楚他们具体是从什么地方获得这种想法的。比如说，有人说是带着翅膀的天使以人体的形式降临人间,对他说："哦！人哪,这是启示。"另一个说是天神告诉他这些的，又有一个说他梦到他的祖先，祖先告诉了他这些，这些之外，他一无所知。但是这很普遍：所有人都说这些真谛都是从外面得来的，而不是通过他们自身的推断能力。瑜伽科学教给我们什么呢？它告诉我们，那些大师们声称他们从外面获得这些真谛并不是信口雌黄，并不是靠理性推断而来的，这点没有错，但是还有一点，这些真谛也来自他们自身。

瑜伽大师教育我们头脑本来就有一种比较高级的存在状态，一种高于理性的超意识状态。当我们的头脑上升到这一层面的时候，所有理性不能得到的知识、玄学和超验主义知识都会到来。这种超意识状态，超越理性和一个普通人的知识，有时候偶然会出现在并不清楚它的原理的人身上，他抓住了。大多理解为这种状态是来自体外和自身之外，这就解释了那些灵感和超验知识在很多国家都一样，但是关于知识的来源却说法不一。一个国家的人说似乎是通过天使得到这个信息，另外一个国家的人说来自天神，还有一个国家的人说来自上帝。这是什么意思呢？这意味着心意以其自身本性带来知识，但是发现的途径却是由发现它的人的信仰和教育决定的。真实的情况是这些不同的人偶然遇到的是一种超意识状态。

瑜伽大师警告我们这种超意识状态是存在很高的危险性的。大量的例子中，大脑在超意识状态下可能精神错乱。一般情况下，那些痴迷这种超意识状态，却并不了解其真谛所在的人，不管他们多么伟大，都会走火入魔，慢慢地走向歧途，产生某些奇特的迷信说法，他们将自身曝露在幻觉之下。

当一位先知升华他的情感本性进入超意识状态的时候，他获得的不仅仅是一些真理，还有和真理一同存在的狂热，那些迷信荼毒了我们的世界正如教义的正面作用一样深远。但是我们发现，所有大师同时都受到了灵感的激发。从我们称之为人生的不协调物质中要想获得任何有意义的东西，我们就不得不超越理智和理性。但是我们一定要慢慢地、科学地做常规练习。同时我们一定要切断与迷信的一切联系，我们对超意识状态的研习也要像对其他科学一样，我们的理智和理性一定是我们的理论基础和出发点。只要没有超越理智和理性的圈子，我们就要跟随理智和理性。当理智和理性不能发挥作用的时候，它自身会给我们指出一条通向最高层面的道路。当你听到一个人说："我收到启示了"，然后毫无理智地狂言乱语，那么别听他胡说。为什么？因为本能、理智和理性，超意识或者无意识状态、意识状态、超意识状态三者是一体的，都属于一个头脑。一个人头上并没有三个头脑，而是一种状态发展变化成为别的状态，即本能转变为理智和理性，理智和理性转变为超验意识。因此三者的状态不会产生冲突。真正的灵感从来都不会跟理智和理性发生冲突，而是满足理智和理性的需要。正如伟大的先知并不是为了毁坏而是应承需要献身的，所以灵感总是顺承理智和理性而来，并且二者是和谐存在和相处的。

瑜伽中所有不同的步骤都是为了将我们科学地带入这种超意识状态而设计的，而且现代人的本性中的灵感跟古代先知们身上的灵感一样多。理解这一点相当重要，那些先知们并不是独一无二的，他们也是像你跟我一样的人。他们是伟大的修行者，他们获得了超意识，同样你跟我也能获得。他们并不是什么特殊的人，一个人达到了超意识状态，那么每个人都可能做到这一点。不仅这是可能的，而且每个人最终都会达到这种超意识状态。实践是我们唯一的指导老师，我们可以一生不停地说啊讲啊，但是如果我们不亲身体会就不会明白一个词真正的含义。你想要一个人成为外科医生，仅仅扔给他几本书读是不可能完成你的心愿的。同样，我对一个城市比较好奇，你给我一张这个城市的地图，是不可能满足我的好奇心的，我必须亲身去体验这个城市，而地图只能使我对这个城市更加好奇、更想要了解。这就是书和地图的全部功用了。在这之上，它们并没有任何的意义。我们光看书只能使我们的头脑退化，难道还有比这更可怕的亵渎吗?

为了用科学的方式进入超意识状态，我们很有必要练习并且通过前面我讲的瑜伽的各个不同步骤。制感和执持之后，我们开始讲禅定，即冥想练习。当我们的头脑受到训练到达可以集中在某一个内部或者外部事物上，就对事物产生一种不断的能力流，这种状态就叫作禅定。当一个人集中他的能力流，可以忽略对外部事物的观察而只集中在内在事物——意义的时候，他进入了三摩地状态。这种状态：禅定和三摩地合在一起叫作总制（samyama）。也就是说：如果心意可以将注意力集中在一个事物上，然后又成功地延长注意力的时间，之后通过不断的能量流，观察的事物只集中在内部，事物这个时候只是结果，此时我们就能控制一切了。

这种冥想的状态是最高形式的存在状态。只要我们自身存在欲望，那么就不可能获得真正的快乐。只有对事物深入的研究才能给我们带来真正的快乐和乐趣，动物的乐趣在于满足感官的需要，人类的乐趣在于闪耀的智慧，神的乐趣就在于那些心灵的冥想。当我们的心灵真正到达了这种冥想的状态，才会发现世界的美好。当一个人身心不再存在欲望，并且与千变万化的世界保持距离，他的本性就是美丽和崇高的体现。

这些都要在学习禅定或者冥想的时候才能真正理解。我们听到一声响，首先是外部的振动；其次，神经将感应传递到大脑；最后，大脑对此做出反应，理解和解释引起从振动到大脑的反应变化的原因。这三步在瑜伽中叫作sabda（声）、artha（意）、jnana（智）。用生理学的话说分别是外部运动、神经和大脑运动及大脑反应。现在这些虽然是泾渭分明的过程，但已经融合在一起分不清楚了。实际上，我们现在都感觉不到任何一步，我们只能感觉到三者融合后的结果——我们将之称为外部客体。对事物的感知都要经过这三步，并且我们有理由将三者区分开来。

前面的准备工作做好了，我们的头脑强壮受控，获得了更高更细的观察能力。这个时候我们就应该将大脑投入冥想的状态。冥想首先要从比较大的宏观事物开始，然后慢慢缩小，直到最后没有目标为止。头脑应该首先感应和感知那些引起感官反应的外部原因，继而是内部的运动，最后是大脑自身的反应。当引起感官反应的外部原因明确之后，头脑就能获得察觉和体会到所有微小的物质存在、身体和形式的能力。当成功地感知到那些内部的运动、就会获得对所有精神动力的控制，甚至在头脑将这些命令传达到身体之前。当修行者的头脑可以自身接受精神反应的时候，它就获得了对一切事物的知识，因为每一个可以感觉到的物体和思想都是这种反应的结果。这个时候修行者就能看到他的大脑结构，并且能够完美地控制他的大脑了。同时他还能获得各种能力。如果一个人屈服于冥想，那么他未来的进步就会停止了——这就是享乐之后的恶果。但是如果他足够坚定，能够拒绝这些神奇的力量，他就能达到瑜伽的目标，抑制大脑海洋般的思想。这个时候光辉的心灵之花，不受大脑或者身体运动的打扰，就会灿烂地绽放。修行者自己也会发现，从前、现在还有将来都存在的知识的精华是不朽的，是遍及整个世界的。

三摩地是大家的财富，从最低级的动物到最高级别的天使，都可能会达到那种状态。只有那个时候，真正的宗教才开始对它产生作用。我们只需要向这个状态挣扎，我们中有信教的，也有没有信仰的，但是两者并没有什么区别，因为我们没有实践。头脑集中精神的好处就在于将我们引向这种实践。要达到三摩地状态，每一个步骤都很必要，而且这些步骤都是经过合适的调整和科学的组织的。当我们充满信念做练习的时候，它们就会指引我们通向我们想要的未来和目标。那个时候所有的痛苦都会停止，所有的苦难也会消失。行为的种子将会被焚烧，心灵将会获得永远的自由。

第八章

获得自由

瑜伽的烈火焚烧了束缚着人类的罪恶之笼。我们所获得的知识纯洁无瑕。瑜伽不仅带给我们知识，更让我们的身心获得自由。如果一个人练习瑜伽的同时也获得了知识，那么他就会从自我走向神我。

瑜伽有两种：一种叫作无体量瑜伽；另一种叫作马哈瑜伽。当一个人的自我凝结成为一片空白，没有任何重量的时候叫作无体量瑜伽。而另外一种马哈瑜伽的状态则是修行者认为自己处在极乐的世界，脱离了所有的不纯洁与罪恶，成为神明身边的人。修行者通过两者之间的任何一个都能实现自我。其他的任何一种瑜伽都不能与马哈瑜伽并列齐名，马哈瑜伽的修行者自身和整个宇宙最终会融为一体，这是所有瑜伽修行的最高境界。

胜王瑜伽分为禁制、劝制、坐姿、调息、制感、执持、禅定和三摩地八步。禁制包括博爱、不杀生、诚实、不说谎、廉洁、不贪婪、不接受别人的馈赠以及保持贞节。禁制能够帮助我们净化我们的心灵。不杀生即不在思想上、语言上或者行为上对任何生物造成伤害。不杀生是所有品德中最为崇高的了，当我们做到不迫害或者不伤害万物的时候，我们采取的不抵抗态度帮助我们获得了最大的快乐，没有别的快乐能够抵得上这个。诚实、不说谎使我们工作和学习硕果累累。通过真理我们获得一切，在真理中我们建立一切基础，真实就是用事实说话，一切从实际出发。廉洁、不贪婪就是不盗窃或者用暴力手段获得别人的劳动成果。保持贞洁就是任何情况下，在思想上、言语上或者行为上总是保持贞洁。不接受别人的馈赠和礼物，就是不接受任何人的礼物，即使在我们很困窘，深切的需要这些东西的时候。俗话说，吃人嘴短，拿人手短，当一个人接受来自另外一个人的礼物的时候，他的心灵就变得不纯洁了，他变得低级，不再独立，他跟世间万物产生了千丝万缕的联系，与尘世有着如此复杂关系的人，是不适合练习瑜伽的。

接下来是关于劝制，劝制即坚持某种习惯，这些能够帮助我们在瑜伽练习中获得成功。这些习惯包括苦行、研习、自足、纯洁、膜拜。通过禁食或者别的方法控制我们身体叫作身体苦行。研习就是重复诵读《吠陀经》和别的经文，通过这些使我们身体内的有情物质得到净化。重复诵读这些经文的方法有三种：第一种是出声的，第二种是半出声的，第三种是心理上默念。出声的或者听得到声音的方法是最低级的，不出声的心理上的默念的方法是最高级的。我们大声念出这些经文是出声的方法。半出声的方法就是我们嘴中念念有词，但是并不出声。对经文在心理上的默念，同时想着这些经文的意思和内涵，就是最好境界的重复诵读方法。圣人告诉我们有两种净化的方法：内部的和外部的。我们用水，或者泥土或者别的物质清洗我们的身体叫作外部净化。洗澡就是外部净化的一个例子。我们通过诚实和别的品德净化我们的头脑就是内部净化。我们练习瑜伽两种净化都是必要的。一个人只是内心纯洁这是远远不够的，当条件有限，只能满足一种净化的时候，我们会优先选择内部净化，但是如果不能同时具备两者就不能成为修行者。

前面我们已经探讨过禁制和劝制，下一步就是坐姿。姿势中我们唯一需要理解的东西是练习瑜伽的时候要保持我们的身体放松，头、颈和胸部直立保持在同一直线上。关于姿势，我要讲的就这么多。下一步是调息。普拉那指的是我们身体不可缺少的力量——生命力。Ayama这个词的意思是控制，也就是说，调息就是对我们身体力量的控制。它分为三种：简单的控制、中级的控制和高级的控制。更细分又分为三个部分：积聚能量、保持能量、释放能量。当你从十二秒钟开始的时候，这是最低级的简单控制。二十四秒钟的时候就是中级控制，当达到三十六秒钟的时候就是最高级的控制了。在最低级的调息中，我们的身体会出现排汗现象，中级的时候身体会颤动，最高级的时候我们身体变得轻飘飘的，涌进我们心灵的是无限的快乐。有一个叫作gayatri的经文，它是《吠陀经》中的一篇。它是这么说的：我们冥思造世主的荣耀，希望它可以点亮我们的心灵。在开始诵经文前和经文结束后加上“Om唵”这个词。在一个回合的调息中重复三遍gayatris。所有的瑜伽书籍都将调息分为呼气、吸气、屏气三个部分。

制感，所有的感官都向外感应外部事物的活动。用我们的意念控制外部事物的活动我们叫作制感，将一切集中向自己。

执持就是一心想着心脏部位的莲花或者在头脑正中央的莲花。当我们的头脑集中在一点的时候，就会激起思想的波浪。这些波浪并不能被其他形式的波浪吞噬，慢慢地越来越显著，而后者的波浪则慢慢地隐退，最终消失了。这一步就是这些越发显著的波浪慢慢地融合在一起，最终在我们的头脑中只留有一个波浪，这就是禅定。

当一切基础工作已经落实，心意只有一个想法的时候，我们就达到了统一，即三摩地。跟所有的身体部位和中心都脱离联系，我们的心理呈现的只是一波心理潮流。如果我们的心理可以固定在一个中心上十二秒钟我们就称之为执持，十二个这样的执持就组成一个禅定，十二个禅定组成一个三摩地。

一个地方如果有火灾或者水灾隐患，如果地面铺满了干燥的树叶，如果处处是蚂蚁，可能遭受野兽袭击，如果这里是街道汇集处，人声鼎沸，喧哗不已，如果处处是邪恶的小人——那么这些地方都是不适合练习瑜伽的。我们一定不能在这样的环境下练习。尤其在印度，这一条规则就更应该严加执行了。当我们的身体慵懒、不想动弹或者生病的时候，又或者我们的心理比较低迷、烦恼和痛苦的时候，同样不能练习瑜伽。我们应该选择一个隐蔽的地方，在那里没有任何人来打扰，最好是选择那些景色优美的地方或者你自己的一间漂亮的房间。当你开始练习的时候，第一件要做的事情就是先问候那些古老的修行者，你的老师。这些做完之后，可以正式开始练习。

解释了禅定，这里举几个例子说明我们冥想的时候，可以将思想集中在什么地方。坐下，坐直了，用眼睛盯着你的鼻尖看。之后我们就能感觉到这个能够帮助我们集中精神。但是怎么做到的呢？我在此解释一下。通过用眼，我们控制了眼部的视觉神经，这就帮助我们控制了反应弧，继而控制了我们的意愿。这里给出一个冥想的例子，首先想象我们的头脑上方顶着一朵莲花，就在头脑上方几英尺的地方，品德是莲心，知识是花梗，莲花的八个花瓣就是修行者八种能力所在区域。花内部，雄蕊和雌蕊是对这些能量的释放。如果修行者能够拒绝外在的力量他就获得了救赎，得到了拯救。所以莲花的八个花瓣就是八种力量的象征。但是花内部的雄蕊和雌蕊是对力量极端的释放——它们要释放全部的力量。莲花的内部，想想金黄色的那朵，它是全能所在，无形，名曰“Om唵”，无法表达，由灿烂的光芒环绕。就想象这个场景。另外一个想象的例子是这样的：在你的心灵上开辟一块净土，这片净土上正在燃烧烈烈焰火。想象那团火焰就是你自己的灵魂。火焰内部是另外一种灿烂的光芒，这就是你的灵魂的灵魂。这个场景也可以帮助我们进行冥想练习。

要贞节、不杀生、原谅深仇大恨的敌人、诚实，这些都是我们的誓言。不要害怕如果这些誓言你履行得不够完美，只要你不断地努力就一定会获得成功。当你放弃所有尘事、恐惧、愤怒，那个时候你的心灵就已经净化了。

“一个人，如果不憎恨任何人，对所有人友好，对万物都怀着一颗仁慈的心，即使一无所有，也从不以自我为中心，不以物喜，不以己悲，无论是痛苦还是快乐都保持一颗平常心，对人对事都很宽容，易知足，对瑜伽忠诚不二，能够控制自我，心平气和，心智皆在我——这样的人是我最深爱的信徒。既不受外界打扰，又不打扰别人，不再大喜大悲，不再惧怕和恐惧——这样的人是我深爱的。那些不依靠别人、独立的人，人生态度积极并且心无杂念，纯洁无瑕，不去理会未来好坏，永远不会觉得痛苦与苦难。并不担心未来前途如何，并且不再为自己奋斗，不论受表扬还是挨批评都一样平静，言语少、思想深、积极面对人生悲欢离合，没有家，但是整个宇宙都是他的家。无论怎样，都能保持心态平衡——这样的人是我深爱的信徒。”像这样的人才能成为修行者。

从前有一位伟大的圣人叫作内拉达。正如人类中有圣人——伟大的修行者，神灵中也存在伟大的修行者。内拉达就是一个伟大的圣人，非常有名。他到处游走。有一天他经过一片森林的时候，看到一个正在冥思的人。旁边白色的蚂蚁已经在他身边建起了巨大的土丘城堡，说明这个人这么姿势坐着已经很久了。他问内拉达：“你要到哪里去？”内拉达回答他说：“我要去往天堂。”“那顺便帮我问问上帝他什么时候将施与我仁慈，可怜可怜我，让我获得自由？”内拉达继续往前走，看到另外一个人。他跳上跳下，边跳边唱。他也问：“噢，内拉达，你这是要到哪里去？”他的声音粗野，动作粗犷。内拉达回答说：“我这是要去往天堂。”“那顺便帮我问一下我什么时候能够获得自由？”内拉达继续往前走。时间轮回，他来到同一条路上，还是那个一直在冥思的人，周围蚂蚁已经将土丘堆成了山。他问内拉达：“哦，内拉达，你跟上帝提起我的事情了吗？”“噢，是的。”“那他怎么说？”“上帝让我转告你再轮回四辈子就能获得自由了。”听到这个答案后，那个人就开始号啕大哭。委曲道来：“我冥思很久，连周围的蚂蚁都堆起了土丘，而我却还要四辈子才能获得自由！”内拉达又到了另外一个人身边。那人问道：“你转告了我的问题了吗？上帝是怎么说的？”内拉达回答说：“哦，是的。你看到那边的罗望子树没有？我得说实话，你要轮回罗望子树上的树叶那么多次，才能获得自由。”听到这个回答后，那个人开心地跳起舞来。欣喜若狂：“啊，这么短暂的时光后我就能获得自由！”然后，一个声音传来，“我的孩子，从这一刻起，我就赐予你自由”。这就是他坚持不懈的努力的回报。他已经做好准备要世世代代努力，直到修成正果。没有事情能让他灰心失望的。而第一个人感觉即使是四辈子也是很长的时间，这显示了他缺乏获得自由的毅力和诚心。只有像第二个人那样不屈不挠勇往直前坚持不懈，即使等待几亿年也无所谓的人，最终才能获得最好的结果，实现最高的梦想。

第九章

灵魂导师

每个灵魂都注定是完美的，每个生灵，到最后，都会达到完美的境界。我们现在的样子取决于我们过去的所为所想，而我们将来的样子则将取决于我们今天的所为所想。但这并不能把我们从外界获得的帮助排除，外界的帮助经常能催化灵魂的升华，从世界上大多数情况来看，获得外界帮助是绝对必要的。催化作用来源于外界，但却在我们自身上面产生影响；接着生命里的灵性开始成长，人慢慢地到最后变得神圣和完美。这种受之于灵魂之外的催化能量从书上是得不来的，从别的东西上也得不来，只能从另一个灵魂那儿得来。我们可能一生都在读书，我们可能变得非常有知识，但是最后我们却发现我们的灵魂一点也没有成长。并不是说人的知识越多，内在灵魂就越高尚；相反地，我们随处可见以牺牲灵魂为代价来增长知识的例子。

我们的确能通过读书来很有效的增长智慧，但那对灵魂成长几乎百无一用。我们读书的时候，有时会误以为我们的灵魂也通过读书得到了升华，但是当我们回头审视一下自己，我们会发现提升的只是知识而非灵魂。这就是为什么几乎我们每个人在谈到精神话题的时候都能说会道，但是当需要把理论付诸实践的时候，我们才了解自己的无能。使得灵魂升华的力量，只能是来自另一个灵魂。

那个使得灵魂升华的力量所来源的另一个灵魂，我们叫作古鲁，也就是导师的意思，而那个接受这个力量的灵魂，我们就叫它弟子、学徒。要成功地传输这股力量，首先，作为导师的那个灵魂要有足够的力量来传达，其次，这力量传输的对象一定要在一个适合接受的状态。“传教者一定要在状态，受教人也是”，当这两者都很在状态的时候，毫无疑问，灵魂的巨大升华便会水到渠成。这才是真正的老师和学生。若非如此，任何他者都只是在摆弄灵魂话题，有一些智慧上的思辨，也满足了一些好奇心，但仅仅算是在信仰天地的外围徘徊。当然，这也不无价值，但是对信仰的真正渴望可能就因此被削弱了，时机被错过了。水到渠成是自然界一条神秘定律，当一个灵魂需要信仰的时候，传播信仰的源力量就会出现。“寻觅中的罪人遇到了也在寻找他的救世主。”当吸引那个弟子的灵魂的力量饱满而成熟时，那个弟子的灵魂自然会被吸引。但这当中也存在危险，那个弟子的灵魂有可能把一时的冲动和对信仰的真正渴望相互混淆。我们生命中经常有这样的事例，我们爱的人离开了我们，我们受到了沉重一击，我们一时间甚至觉得现实世界在从我们指间滑落，我们需要更高的更牢靠的东西。时间推移，我们从打击中恢复过来，发现自己处于一个尴尬境地。我们经常会把这种一时冲动与对信仰的真正渴望相混淆，只要还有这种混淆，真正的灵魂需求就不会来，而我们也无法找到我们的“导师”。

所以当我们抱怨我们如此的想却又看不到真理时，我们应该先问问自己的内心深处是不是真的想要追寻真理。在很多情况里我们都发现其实我们并没真的准备好；我们并不想要真理；我们没有对信仰的渴望。

而在“导师”方面，问题就更大了。有很多人，虽不是很明白的，却自以为明白了一切真理，不仅如此，他们还“热心”地引导他人，结果便是“盲人骑瞎马，夜半临深渊”。这样的人比比皆是，他们都想教育别人，就像癞蛤蟆都想吃天鹅肉，当然是不可能的了。

那我们怎么能确信一位“导师”他真的够得上“导师”资格呢？首先，太阳发光不用靠火炬来点，我们用不着为了看太阳来点蜡烛。当太阳升起，我们自然而然就觉察到了；而当那个“导师”真的到来了，来帮助我们了，我们的灵魂深处会自然感应到真理的存在。真理不证自明，它渗透进大自然的最深、最细微处，整个宇宙无不证明，“这就是真理！”的确有少数真正伟大的“导师”，但是从那些普通导师身上我们也能得到帮助；而且我们自己通常没有足够的直觉来确认那个传授者是不是真的“导师”，我们需要有一些检验方法。教导行为是需要一定的条件的，导师也需要条件。真正的教导行为，必须是纯洁的，有对知识的真正渴望和持久的耐心。只有纯洁的灵魂才会有信仰，这是最大最大的前提；完全纯洁是必需的。另一个就是对知识的真正渴望。谁渴望？问题就在这儿。只要我们真正想要，我们就能得到，这是最古老的法则。真正想要的人才能得到，但想要真的信仰是不同于我们平常所想的事物的，是很困难的。我们常常忘了信仰不是听座谈，不是读点儿书，而是一个持续的斗争，是同自己的性格掰腕子，坚持不懈直到最后胜利。它不是一天两天，也不是几年甚至几代人的事情，它也许是前赴后继几百代的事情，这点是我们必须弄清的。它也许在某一刻突然就到来了，但是还有可能经历了几百代却仍然没能真正实现，所以我们必须要有准备。只有在这样的思想基础之上，一个学徒才有可能最后找到要信仰的真理。

对于一位导师成不成一位导师，我们首先要确定他明白经书中的奥义，全世界都在读各种各样的经书——《圣经》《吠陀经》或者其他经书；但书本终究只是书本，是一成不变的，是干瘪的语言和文字，太追究经书的字句的话便会丢失它的内在奥义和精髓。所以，合格的导师，必须能明白经书里的真正奥义。书中茫茫的文字就像一片大森林，人在其中迷失无法脱身。那些已经明白了的人用漂亮的辞藻，组织华丽的语言来美妙地形容经书上的内容只不过是为了图一乐。他们并没达到至高境界，他们只是想炫耀自己的学识，让别人夸奖他们，觉得他们是学识渊博的人。你会发现没有一位真正伟大的导师会干那些卖弄文字的事儿；他们从不会费那事儿来玩弄文字，不夸夸其谈，“这个词是这个意思，它就是这个意思”。你了解了世界上那些伟大的导师后就会发现他们当中没一个人会卖弄自己的学识，他们却仍然在传授真理，只是用不同的方式。而其他人呢，腹中空空，一点小事儿便加以长篇大论。我的导师说过一个故事，一些人来到芒果园，几乎所有人都忙着数叶子的片数啊，检验叶子的颜色啊，量枝丫的粗细啊，数枝干的多少啊，反正就是做那种浮于表面的事儿，只有一个聪明的人直接就开始吃芒果。所以让我们做那个聪明的人吧，把那些数叶子量枝条的活儿留给别人。在适当的时候，数枝条的工作也有其价值，却不是在我们的精神信仰领域里。做那样的事儿不会使我们精神上成长，我们没见过那样的人中有一个是精神世界的强者。精神信仰是一个人的最高层面，是至高的荣耀，但它不需要“数叶子”。

对于导师的第二个要求便是他必须是无罪的。一个英格兰的朋友曾经问我：“我们管导师的私人品质干吗？我们只要听他讲授再记下来就行了。”事实并非如此，如果一个人要教我动力学或者化学或者其他物理学科，他的个性品质怎样毫无关系，他无论是怎样的人都可以教的。因为那些学科所要求的只是知识上的能力；也许一个人知识非常非常丰富但是他的灵魂却很落后。但在精神领域里边，一个不纯洁的灵魂是完全没有可能放出一丁点儿精神之光来照亮别人的。一个这样的灵魂能教你什么呢？什么都不能。纯洁是精神领域的真理。“保持内心的纯洁，因为纯洁才能看见上帝。”这句话包含了所有宗教的要旨。一旦你明白了这句话，你就已经听到了所有以前说过的和将来要说的话了；你无须再求助他物了，有了这句话一切都够了。即使所有其他经书都丢失，单凭这句话就能拯救世界。知道灵魂变得真正纯洁，才有可能看见上帝。所以纯洁性对于一个导师来说是必需的，我们要先考察他是什么样的人，再看他说什么样的话。而不是像对待知识上的老师那样，我们对于知识上的老师更关心他们说的话。对精神导师我们一定要事先考量他是一个什么样的人，然后是他说话的价值，因为他是传道者。如果他自身没有强大的精神力量，他能传递什么？打个比方：一个电炉，燃着时它能传递热波，但它熄着时就是不行。布道者给弟子传递精神热波跟这个道理是一样的。这是互动的传递过程，不仅是激发我们的智力机能。这个过程中将会有一种力量，真实可见，由导师传到弟子身上并在那儿逐渐增强。所以，导师还必须是纯真的。

第三个条件是动机。一个导师为你传道，他应该是出于对你的纯真的爱，而非其他目的，比如出名、声望或者其他。任何其他目的，或名或利，都会立即毁掉传播媒介；所以一切的一切只能是因为爱。你看到导师身上满足以上条件，那么你就是安全的；否则，你接受他做导师就是不明智的了。这就会有危险，如果他不传播美德，他就会不时传播邪恶。我们必须防范这一点，所以不是所有人都能做我们的导师的。对那些已敞开心扉的人类灵魂，我们一旦敞开心扉，人就能接受。盲人也能去博物馆，但是他去了又走了而什么也没看到，他要看到作品得先有视力。导师就是在修行中让我们获得视力的人。所以我们同导师的关系就像先人与后代的关系一样。

从一个精神导师传递到另外一个灵魂去的东西，是这个世界上最至高无上最神圣之物。如果一个人成为瑜伽圣徒那么他必是自然成为的，不可能是看书看来的。你可能走遍全世界、尝遍人间百味、去喜马拉雅山巅，去阿尔卑斯山顶，去高加索山，去戈壁滩或者撒哈拉大沙漠，甚至去到海底也找不到你要的信仰，除非你遇到那个你的导师。找到那个导师，像一个孩子般的善待他，对他敞开你的心扉，把他看作上苍的使者。我们把注意力集中到导师身上，把他看作上苍的最高代表，随着注意力越来越集中，导师的本身形象会逐渐模糊，轮廓慢慢消失，我们然后会觉得真正的上帝就在那儿。这样怀着敬爱精神的人会找到真理，而上帝对他们也会宠爱有加。“把鞋从你的脚上脱掉吧，因为你刚刚站在了圣殿上。”有他出现的地方，都会变得神圣。这就是我们接受训导时需要怀有的精神。在这个现实世界中这样的导师无疑是非常少的，但是肯定一直都有这样的圣人存在。如果哪天这个世界上完全没有这样的人了，那么世界就该毁灭了，堕落成不堪入目的地狱。这样的导师是人类的美妙花朵，他们让这个世界前进。正是来自那些圣人内心的力量保持我们的社会是一个联系的整体。

第十章

学生的艺术

我今天要演讲的题目是“学生的艺术”。我不知道大家会怎样理解我要演讲的东西。要接受这些东西对你们来说或许有些困难：因为在这个国家，老师和学生的概念跟我们国家的不同。我想到了一个古老的印度谚语：“世上有成千上百万的老师，这些老师却很难收到一个好的学生。”这句话有它一定的道理。获得灵性的最重要的一点是学生的态度。当学生的态度端正时，灵感就会来得容易些。

为了得到真理学生应该需要的是什么呢？伟大的先知说，获得真理只需要一眨眼的那么一瞬间：这只是一个他知不知道的问题了。梦醒时分——那又需要多长时间呢？或许只需要一秒的时间，梦就醒了。幻觉消失又会花多长时间呢？只是一眨眼的工夫。当真理降临时，除了错误的消失什么也不会发生。过去我曾经把绳子误认为蛇，但是现在我就会认为那就是一根绳子，只需要半秒钟的时间一切就完成了。这个不是这个；这个不是真实的——人需要多长时间才能知道真相呢？这只是一件本能的事情，根本就不需要花上上百年的时间去弄明白我们过去是谁、现在又是谁。

似乎要认识到这个明摆着很清楚的真理也有点困难。一个又一个世纪过去了，我们开始想出点眉目来了。上帝就是生命；上帝就是真理——我们就是这样描写上帝的；在内心的最深处我们也是这么认为的，除了上帝，其他一切都是虚无——今天存在过的，明天就消失了。但是，我们大多数的人一生都是保持着同一个思想不放的。我们紧抓着错误不放，而且还拒绝接受真理，我们根本就不想获得真理，我们还不容许任何人打断我们的梦想。这样大家就很清楚为什么老师是多余的了。谁愿意当学生呢？但是，任何一个想知道真理、想摆脱幻觉的人，如果他想从一个老师那里学习到真理的话，那他就必须是一个虔诚的学生。

做学生不容易：大量的准备工作是必需的，还要符合很多的条件。印度教徒列出了五个最重要的条件。

第一个条件是：想要知道真理的学生必须放弃他在今生和来世所有的欲望。

真理并不是我们所看到的那样。只要我们的思想中还潜伏着一丝欲望我们就是看不到真理的。只要心中还有一点尘世的欲望，真理就不会到来。就算尘世在我的眼前毁灭——我也不会关心。在来生我也是如此的态度：我不担心会去天堂。什么是天堂呢？那只是这个地球的延续。在天堂里我们会生活得好一些，而且如果没有天堂我们仅有的那一点愚蠢的梦想也会很快破灭的，也就没有地球上愚昧的生活的延续。进入天堂我们只能延长痛苦的幻想。

在天堂你能得到什么？你会变成神仙，喝着琼浆玉液，而且还会得风湿病。天堂里的痛苦会比地球上的少，但是真理也会比人间要少。那些富人知道的真理会比穷人知道的要少得多。“让骆驼穿过针眼要比富人进入上帝的王国容易得多。”富人没有时间考虑除了权力、金钱、享乐和他的嗜好以外的任何事情。富人很少有信仰宗教的。为什么?因为他们认为如果自己信仰宗教的话，生活就没有乐趣了。同样，他们也就没有在天堂里信仰宗教的机会了，天堂里有更多的休闲娱乐，天堂里的居民是不会放弃享受的。

他们说天堂里再也没有眼泪。我就不相信会有人从来都不会流泪；那在他的心里肯定压着一块巨大的大理石。很显然，天堂里的人们没有同情心。他们那里有数目庞大的人，我们也是在这个恐怖的地方经受痛苦的、可怜的人。他们可以把我们全部从这里拯救出去，但是他们没有这么做。他们不会伤心痛哭。那里没有痛苦和折磨，因此他们也不关心其他人的痛苦。他们就喝着自己的琼浆玉液；歌舞升平——有美丽的妻子相伴，还有其他一切美好的事物。

不在乎这些东西，真正的学生会说：“我不喜欢存在于今生的任何事情，也不喜欢天堂里的事情。我不喜欢去这两个地方的任何一个。我不想有任何形式的有感觉的生活——我不想感觉到自己肉体的存在。就像我现在感觉到的，我就是这个身体——由一堆肉组成的肉体；这就是我所感觉到的自己，但是我拒绝接受这就是真理。”

不管是人间和天堂，它们都与感觉密切相关。如果你没有任何感觉你就不会喜欢人间，在天堂里也是如此。尘世、天堂，以及所有在这两者之间的事物只有一个名字：世界。知道过去、了解现在、思考未来的学生们知道繁荣意味着什么，也明白幸福的意义，因此他们放弃了所有这些东西去追求真理了，而且只追求真理。这就是第一个条件。

第二个条件是：学生必须能够控制自己内心的感觉和外部的感觉，而且必须建立良好的精神品质。

外部的感觉指的是存在于身体的各个部位的可以看得见摸得着的器官；内部的感觉是无形的，无法触摸得到的。我们身体的外部有眼睛、耳朵、鼻子等等，而且我们也有跟这些器官相对应的内部感觉。我们一直都是听命于这些感觉，任凭它们的摆布。如果周围有任何可以感觉的物体，感觉器官就会迫使我们去感觉它们；我们别无选择，没有自主权。鼻子在这里，一个香的东西就在那里：我必须闻一下它。如果是难闻的气味，我就会对自己说“别闻了”。但是鼻子会说“闻一下”。我也就只好闻一下了。大家想想我们都成什么了！我们自己把自己限制住了。我有一双眼睛，不管是好的事物还是坏的事物，我都得看它。耳朵也是这样的，如果有人对我出言不逊，我也必须得听。因为是我的耳朵强迫我这么做的，我是多么的痛苦啊！不管是诅咒的话语还是赞美的语言，人类都必须得去听。我见过许多平时听不见东西的聋子，可是有任何关于他们自己的话语的时候他们就能听得见了。

所有的内部的、外部的感觉官能，都必须受学生的控制才行。通过刻苦的练习，他得达到能够坚持抵抗这些感觉、违抗思想的命令的程度。他必须得能够对思想说，“你是我的思想；我命令你，不准听或看任何东西”，然后思想就不会听见或看见任何的东西了——没有物体或声音能够引起思想的反应。达到这种程度的话，思想就不会再受到感觉的控制，思想就跟感觉分离开了。思想跟感觉和肉体不再有丝毫的瓜葛了；现在，外部事物也就不能命令思想了；思想也拒绝同它们有什么联系。如果有一个散发着迷人香味的香料在你面前，学生对思想说“不要闻它”，然后思想也就感觉不到香味的存在了。达到这一点的时候，你才是将要成为学生的开始。这就是为什么当每个人都在说“我知道真理”的时候，会说，“如果你知道真理，那么你一定能够控制自己，如果你能够控制自己，那就先控制你的器官吧”。

接下来，必须让思想安定下来。思想是仓促的四处活动着的，就在我坐下来准备冥思的时候，世界上所有卑鄙的念头都出现了，这样的事情实在是太令人讨厌了。为什么思想会思考那些我不想让它想的想法呢？我们就像思想的奴隶一样，只要思想还处在混乱的状态，没有在你的控制之下，就不会有心灵的知识产生。学生必须得学会控制自己的思想，是的，思想的功能就是思考。但是在学生不想让思想思考的时候，它就不能想问题；在学生下停止的命令时思想必须停止思考。做一个合格的学生，拥有这样的思想状态是非常必要的。

而且，学生还必须有非凡的忍耐力。在你所有的事情都非常顺利、生活过得很舒适时，你会发现思想表现得非常好，但是当有不好的事情发生时，你的思想失去了平衡，这样是不好的。忍受所有的罪恶和痛苦，不要有任何的抱怨，也不要有不幸福的想法，也不要去寻找排忧解难的方式，或者产生报复的想法。这才是真正的忍耐力，是你必须要具有的。

世界上一直都有美好的事物和邪恶的事。许多人忘记了世界上还有邪恶——至少他们努力想忘记邪恶——当邪恶降临到他们身上时，他们就被击毁了，陷入了痛苦之中。还有一些人是坚决不相信世上有邪恶存在，而且认为一切都是美好的。这也是一个弱点；这样只能让罪恶继续存在下去。如果一样东西带有邪恶的味道，为什么还要在它上面撒上玫瑰香水，然后说它是香的呢？世界上的确存在着美好和邪恶。上帝把邪恶放入了世界里。但是，你完全没有必要美化邪恶。为什么世界上会有邪恶一点都不关你的事。坚持你的信仰，保持沉默吧。

在我的老师，罗摩克里希那（Ramakrishna）先生生病的时候，一个婆罗门教徒建议他用自己巨大的思想力量来治愈自己的疾病；他说，只要我的老师把精力集中在身体受伤的部位，病就会好了。罗摩克里希那先生愤怒地回答道："你说什么！让我把已经给了上帝的思想用在这个渺小的肉体上！"他拒绝考虑自己的身体和疾病。他的思想一直都念念不忘上帝；他思想已经完全忠诚地献给了上帝，他不会把思想用于任何其他的用途。

渴望健康、财富、长寿，等等类似的事物——所谓的美好的东西——除了是妄想什么也不是。把思想投入这些东西上并企图拥有它们只能增强幻想的程度。在生活中我们有这样那样的梦想和幻想，而且我们还希望在来生、在天堂里，能够拥有更多的类似的梦想和幻想。真是妄想越来越多啊！

不要屈服于邪恶。要面对它，你比邪恶强大得多。也许这是世界上的一件痛苦的事，但是这种痛苦是每个人都要忍受的，因为你不可能对别人没有做过坏事。当你躲避了邪恶追求尘世的快乐时，那个被你躲过的邪恶肯定就由别人来承受了。每个人都想尽办法把邪恶放在别人的肩膀上。但是学生应该会这样说："让世界上所有的痛苦都朝我来吧！让我一个人来承受所有的痛苦，让别人免受痛苦吧。"

还记得被钉在十字架上的人吧？他本来可以让大批的大使来帮助他取得胜利的，但是他没有做出任何反抗。他还为把他钉在十字架上的人祈祷，他独自承受了所有的侮辱和折磨，他承担了所有的责任："就朝我一个人来吧，所有的痛苦和劳累就让我一个人承担吧，我会让你们安息。"这就是真正的忍耐力。它是远远高于我们的生命的，如此的伟大是我们，是我们这些做奴隶的人都不能理解的！因为在别人打我的巴掌还没有落下的时候，我就已经做出了反击，给了他后背一脚：砰，飞走了！就这样的我怎么能够会理解那个被钉在十字架上的人的伟大和高尚之处呢？我又怎么可能会看到他的光荣和辉煌呢？

但是，我还是不会放弃完美。我感觉得到我就是那个屈服于邪恶的人。如果我患了头疼病，我就会走遍全世界去治愈它。我会吃许多瓶药，我怎么可能会理解那些伟大的思想呢？我能够看到完美——但是那样的完美又值得了什么呢？对自己的身体有意识，能够意识到自我，能够感觉到快乐和痛苦，能够感受到受伤害和舒适的所有那些人都是不可能达到完美境界的。当思想只考虑精神没有任何其他的事物时，我能够瞥见完美的影子，在那个完美的地方没有物质的思想，也没有感觉世界里的一切有形的物体。忘记它们，把思想集中在精神上吧。忘记生命和死亡，忘记痛苦和快乐，忘记名字和名声，你就会意识到自己既不是肉体的也不是思想的，只是纯粹的精神。

当我说“我”的时候，我指的是我的精神。闭上眼睛，当你想到“我”时你脑中浮现的画面是什么。是关于你的肉体的画面，还是关于你的思想的？如果是这样，那你还没有认识到真正的“我”。你就是精神，你不是物质。有一种叫作幻想的东西，把这种东西误认为是另一个东西——把物质误认为精神，把肉体误认为灵魂，这是最大的幻想了，这种幻想必须消失。

第三个条件是：学生必须相信他的精神导师，也就是老师。

在西方，老师只是教授智力知识，仅此而已。在印度，师生关系是人一生中最重要的关系。我的精神导师就是我人生中关系最亲近的、关系最亲密的人；其次是我的母亲，然后才是我的父亲。我最尊敬的是我的精神导师。如果我的父亲对我说“做这个”，我的精神导师对我说“不要做这个”，我就会不做这个了。精神导师解救了我的灵魂。我的父亲母亲给了我这个肉体，但是我的精神导师让我在精神上再生。

我们总有些奇怪的信仰，其中一个就是相信有一些灵魂，一些特别的灵魂，他们已经获得了自由又为了这个世界的美好重新降临到这个世界上，来帮助这个世界。他们已经自由了，他们并不关心自己的拯救，他们只想帮助别人。他们也不要求别人叫他们什么东西。他们从儿童时候起就知道一切；就在他们还是小婴儿的时候，他们就可能说出最高境界的真理。

人类精神的增长依赖这些自由的灵魂，他们就像引燃了其他的油灯的第一盏油灯。是这样的，他的光芒在每个人的心里，只是在大多数人的心里被隐藏了。伟大的灵魂从他们一出生就是闪耀着光芒的灯。那些跟他们接触的人会像他们一样，自己的灯也会被点燃。这样做，第一盏灯不会丢失任何东西，他们只是将自己的光传给了别人。一百万盏灯被点亮了，但是第一盏灯仍然以没有减少的光芒闪耀着。精神导师就是这其中的一盏灯，能从这盏灯上点燃光芒的就是学生。第二盏灯然后也成了精神导师，就这样一直延续下去。那些伟大的人就是强大的精神巨匠，他们来到这个世界上，通过把自己的力量传给自己的第一代弟子，发动了流动的巨大的精神洪流，他们的力量再通过自己的弟子传下去，就这样一代又一代地相传下去。

但是首先你应该找到一个老师，一个真正的老师，而且你必须牢记这个老师不只是一个普通的人。你或许能找到一个有着肉体的老师，但是真正的老师不是存在于肉体的，他不是一个物质的人，他跟出现在你眼前的那个人不一样；或许那个老师是以人的身份出现，而且你也能从他身上汲取到力量。有时候他会在你的梦里出现并把精神的理想传给你。老师的力量传给我们的方式有好多种，但是对我们普通的凡人来说必须要有一个人类的老师，在这个老师出现之前我们应该做好一切准备。

灵性不存在于书本、理论和哲学中，灵性不在学习和推断中出现，它存在于实际的内在成长之中。就连鹦鹉都能通过重复和记忆来学习东西。如果你成了一个博学多识的人，那又能怎么样呢？傻瓜都能背下整个图书馆里的书。因此当真正的光芒来临时，就不会再有像这样从书本里的学习了，再也不用向书本来学习了。连自己的名字都不会写的人都可能成为一个虔诚的教徒，相反的是脑子里储存着世界上所有图书馆里的书的知识的人却不能成为一个虔诚的教徒。

学习不是精神升华的一个条件，学问也不是必要条件。同精神导师的接触，精神能量的传输才能加快心跳的速度，然后才会有升华。这才是真正的火的洗礼，不再有结束，你只管继续前进。

精神导师必须得教授我东西，把我引向光芒，让我成为他也是作为节点的那个链条中的另一个节点。并不是大街上随便的一个人都能称作精神导师的，精神导师必须是已经知道，而且实际上也认识到宇宙的真理，他还得能够觉察出自己就是精神。一个空谈的人也称不上是一个精神导师，一个像我这样夸夸其谈的人是绝不可能成为精神导师的。真正的精神导师会对他的学生说："快离开吧，不要再犯错误了。"他的学生从此就不会再犯错误——这个人也不再有让别人犯错误的能力了。

我在生活中就见过这样的人。我读过《圣经》和所有其他类似的书，这些书都不错。但是你从这些书中是找不到活着的力量的，在一瞬间就能改变生命的力量只能在活着的能照亮别人的灵魂里才能找到，这些闪耀着光芒的人会时不时地出现在我们中间，他们自己就能做合格的精神导师。你们和我一样只是一群只会说空话的人，不可能会成为老师。我们的泛泛而谈只是打扰世界的噪声。我们大家一起祈祷吧！努力吧！期待着那一天的来临，期待我们终于得到真理的那一天吧！那时我们就不用只是夸夸其谈了。

"我给精神导师鞠躬，因为他是神圣的上帝的化身，是最高知识境界的化身，是最深厚的天福的赐予者；他是纯洁的、完美的、独一无二的、永恒的、没有快乐和痛苦、没有学问和文凭、是超验的。”这就是现实中的精神导师。难怪学生们会把他当作上帝来崇拜他、信仰他、敬重他、听命于他、毫无疑问地追随着他。这就是精神导师和学生之间的关系。

第四个学生必须达到的条件是：自由是学生能想到的最大的欲望。

我们就像飞蛾一样，尽管知道自己会被烧得粉身碎骨还是一头扎进了充满了感觉官能的烈烈火焰之中。感官的享受只能增加我们的欲望，在享乐的刺激下，欲望是永远得不到满足的；享受只能增强欲望，就像把黄油扔进燃烧的烈火里只能助长火势一样，欲望只能进一步地助长欲望。知道这样，人们还是扎进欲望之中，过了一生又一生，他们还是在追求能够给他们带来享受的物质，也遭受了不少苦头；但是他们还是不会放弃欲望。本来可以把他们从这无止境的欲望束缚中解救出来的宗教，也被他们用作满足自己欲望的方式。他们很少请求上帝把他们从这肉体和感觉组成的牢笼中解救出去，让自己不再做欲望的奴隶。恰恰相反，他们祈求上帝赐予他们健康和财富以及长寿。“上帝啊，治好我的头疼吧，给我一些钱或者一些其他的东西！”他们的视力范围越来越狭窄，他们降低了自己的身份，把自己像野兽一样满足着。他们想要满足的一切东西都没有超越自己的肉体。

上帝啊，他们实在是太贬低自己了，真是一件糟糕透顶的事！人的肉体，五个感觉，以及自己的食欲，本来是多么微不足道的东西啊！

难道世界就是一个食欲和性欲的结合体吗？看看这些成千上万的男人女人就知道了——他们追求的就是食欲和性满足。没有了这些东西，他们会觉得自己的生活非常的空虚，毫无意义，而且难以忍受。这就是我们人类——这就是我们人类的思想。我们只是在不断地寻找不同的方式和方法来满足我们饥饿的胃和自己的性欲。一直以来人类都是这个样子度过的，同时还有无止境的痛苦和折磨。这些肉体欲望的满足只能给我们带来片刻的满足感和无止境的痛苦，就像喝一杯表面浮着一层琼浆玉液，底下就是毒药的水。但是我们还是在渴求这些东西。

我们能做些什么呢？抛弃感觉官能和拒绝欲望的控制是把我们从痛苦之中解救出来的唯一出路。如果你想有所信仰，你必须抛弃这些东西，这是真正的考验。放弃世界——这个感觉官能的废物。那就只剩下一个欲望了：知道真理，成为圣人；不再有物质主义，也不再有自我主义。我必须成为一个有信仰的圣人，这个愿望必须要强烈、坚定。如果一个人的手脚被绑住了不能走动，然后把一块燃烧的焦炭放在他的身体上，他就会用尽全身的力气挣扎着要摆脱这块焦炭。如果我有了这样强烈的欲望，这种极力挣扎着要摆脱这个燃烧的世界的欲望，那我就离看见神圣伟大的真理不远了。

看着我。如果我丢失了一个装有两三美元的钱袋。我就会非常焦虑、着急，而且挣扎。如果你们当中的一个人骂了我，我会记在心里二十年都不忘；我不会原谅也不会忘记这件事。就为了这么一件小事我都能如此的不安、挣扎。有谁能像这样挣扎着要见到上帝吗？“小孩在玩耍的时候会忘记一切事情。年轻人在得到了感官的享受后会变得非常疯狂；他们不关心其他的任何事情。老人会忧闷地沉思他们过去的错误行为。”他们在回忆自己过去的娱乐和享受——因为老人失去了享受的能力。咀嚼着过去——这是他们所有能做的最好的方式了。但是没有一个人会以追求感官的东西时那么集中的精神来追求上帝。

他们都念念有词地说上帝就是这里，世间存在的唯一真正的东西——只有精神，不是物质。但是，他们向上帝索要的东西里面几乎没有精神，他们总是索要物质的东西。但是人就应该只追求一件事情，那就是精神，因为只有精神才是真实的。

我们想要做的是成为学生，我们唯一关心的东西是最至高无上的真理。我们的目标是最宏大的，我们对自己已经说过豪言壮语——追求绝对的真理，而且只要真理。让我们来实现自己的诺言吧。让我们站在精神的高度，一起来崇拜精神中的精神吧！让精神成为精神的基石；中间是精神；最后还是精神，再也没有其他世界的存在。站在精神之上！这就是我们的目标。我们知道自己现在还不能达到这一点，但是没有关系，不要失望，也不要放弃理想，最重要的是你要尽量不考虑自己的肉体、自我，要把这些视为物质、死亡的、无意义的、不可再分的物质；你还要尽量把自己想象成为散发着光芒的、不朽的人。你越把自己想象成为闪耀光芒的、不朽的精神，你就会越想完全绝对地脱离物质、肉体、感觉。这是要得到自由的最强烈的愿望。

第五个也是最后一个要成为学生的条件是：学生必须有分辨真假的能力。只有一样东西是真实的：真理。在任何时候思想里唯一有的都是真理，要绝对忠诚于它。所有对这个世界的欲望都是幻想，因为世界是不真实的，思想要越来越集中在真理上，其他一切出现的事物都是不真实的。

这些就是任何一个想成为学生的人必须要达到的五个条件。不达到这五个条件，他就不可能同真正的精神导师接触。就算他非常幸运地找到了一个精神导师，那他也不会得到能加速他成长的精神导师传出的力量。这些条件一个都不能折中。只有达到了这五个条件——做好了这些准备——学生心中的莲花才会盛开，才会吸引来蜜蜂。然后这个学生知道了真正的精神导师就在他的体内，在他的自我里，他展开了，他也达到了超灵。他渡过了生命的海洋，并穿越了它，他穿越了这个恐怖的海洋，而且是心怀仁慈的，一丝都没有考虑收获和赞美，然后他又帮助别人来普度这生活的海洋。

第十一章

思想的力量

（1900年1月8日在洛杉矶的演讲）

全世界上的人几乎都相信存在一种跨越时间的超自然的力量。我们所有的人都曾听说过世界上发生的一些神奇的事情，而且有相当一部分人还亲身经历过。接下来我要讲述给大家的是我个人经历过的一些真实的事情，这样大家也就会更好地理解我今天演讲的主题。

我曾经听说过这样一个人物，对于拜访他的人思想中存在的问题他不用问就可以立即说出答案；我还听说他能够预见一些重大事件。我听了后感到非常的好奇，就和几个朋友一起去拜访他。我们每个人心中都准备了要询问的问题；防止出错，我们还都把自己的问题写在一张纸条上放在口袋里。当时，那个人一见到我们几个就把我们要问的问题重述了一遍，接着又就每个问题给出了答案。然后，他就在一张纸上写了些东西,把纸折起来让我在背面签上我的名字,说道："不要看，把纸放到你口袋里。这是你下一个要问的问题，一会儿我就会告诉你答案。"就这样他给我们每个人一张写有问题的纸条，又逐一做出了回答。然后他又告诉我们将来会有什么样的事情发生在我们身上。接下来他又说道："用任何一种你喜欢的语言想出一个词或者一句话。"我用梵语想出了一个非常长的句子，他对梵语是一无所知的。"现在可以掏出你口袋里的纸条了"，他说道。我想到的那个梵语句子就在纸条上写着！他竟然在一个小时之前就写了出来，他接着说道："为了证实我所写的内容，这位先生肯定会想出这样一个句子。"他写的跟我说的完全一样。一个同伙同样拿到一张类似纸条，他在这张纸上也签了名放进了自己的口袋，也被要求想出一句话来。他就用阿拉伯语想了一个句子，那个人应该对阿拉伯语也是一窍不通的。最后我的朋友也发现，自己想的那句话正是纸条上早就写好的那句。我们当中的一个朋友是一位医生。他就从一本德语的医学书上想了一句话。那句话跟写在纸条上的那句也是一字不差。

几天后我又去拜访了这个人，因为我老觉得上次可能被这个人骗了。这次我带了一些其他的朋友，但是他还是非常成功地回答了我们的问题。

总之，这样的事情我见过很多了。在印度旅行，你总会在不同的地方见识到上百种类似的事情，这样的事情其实在每一个国家都发生过，就在这个国家也有很多神奇的事情。当然也会有好多的诡计，毫无疑问会有欺诈行为；但是，也不能否认你见到的那些带有欺骗性质的事情也是有原型的，那是对真实事情的模仿。总还有一些真实的部分被模仿到了；人们不可能模仿空气的，模仿在某种程度上也肯定是有的。

在遥远的古印度，大概几万年前，类似的事情发生比今天要多得多。在我看来，当一个国家的人口变得越来越多时，人的体质就会下降。假设说在一个面积广阔的国家，人口非常稀少，那里人的体力或许要强得多。逻辑思维缜密的印度教徒就曾经对这些事实做过详细的调查研究，他们最后得出了一些惊人的结论，他们把这些事实当作科学来研究。他们发现所有发生的这些神奇的事情，尽管都非常奇特，但是也都是自然的，这里并没有什么超自然的力量。它们跟其他的自然现象一样都是遵循着自然法则的，这并不是因为自然的怪诞无常才导致了人们如此众多不寻常的能力，这些都是可以经过系统的学习得到的，他们把这门科学称之为：瑜伽（raja-yoga），世界上有成千上万的人在练习瑜伽。

瑜伽得出的结论是所有这些神奇的力量都存在于人的思想之中，这个思想是整个宇宙思想的一部分，每一个思想都同其他的思想相连，而且，无论思想在世界的哪个角落，它与整个世界都有实际的沟通和联系。

不知道大家有没有注意到一种叫作“思想转移”的现象？一个人在一个地方所思考的问题会在另一个地方的一个人的头脑中浮现出来。某个人有所准备的而不是偶然的打算把自己的思想传到另一个地方的某个人的头脑中，同时另一个大脑会知道有一个想法将要来临，于是他就在那个思想发出的那一刹那就接受了它。这跟距离的长短没有关系，思想在离开后到达另一个人的头脑中，而且接收这一思想的人也能理解它。如果你的思想在这个地方是孤立，在另一个不同的地方的我的思想也是孤立的，而且这两个思想之间没有任何的联系，那么我的思想会有可能传给你吗？在正常的情况下，并不是我的思想直接到达你那；我的思想首先会分散成轻微的波动，这些轻微的波动就会进入你的大脑中，然后在你的大脑中波动又会转化成你的思想。一边是思想的分解，另一边也是思想的分解，这是一个循环的过程，但是这样的事情不会发生在心灵感应当中，心灵感应是直接的。

这说明思想是持续相连的，正如瑜伽士所说的：思想是普遍存在的。你们的思想，我的思想，所有大家的小思想都是这个普遍思想的一部分，是茫茫大海中的一朵浪花；正因为思想具有持续性，我们才可以把自己的思想直接传给别人。

大家可以看到发生在我们周围的事情。世界就是一个最有影响力的整体。我们身体的一部分能量用来维持我们的生命；剩余的那部分能量昼夜都用来影响其他的人和事物。我们的身体、品德、智慧以及我们的灵魂——所有这些属于我们的东西都在不断地影响他人；反之亦如此，我们也在受到别人的影响，这样的事情就发生我们的身边。现在我给大家举一个具体的例子：有这么一个博学多识的人，他的语言优美动听，他能跟你畅谈好几个小时——但是最后他却不能给你留下什么印象。还有一个人是说话很少，言辞混乱没有逻辑甚至还有语法错误；但是，就这样一个人却能给你留下很深的印象。大家应该都经历过这样的事，很明显，仅有动听优美的语言是不能给人留下好印象的。语言，或者说思想，在给人留下深刻印象的过程中只占到三分之一的比例；而这个人本身却占有三分之二的分量，正是大家所说的某个人所具有的“个人吸引力”才会给大家留下深刻的印象。

每个家庭中都会有家长做得非常成功，也有家长却做得非常失败。这是为什么呢？因为我们总是把自己的失败归咎于他人。在我们不成功的时候，总会抱怨说这个或者那个是导致我们失败的原因。失败时，我们通常都不愿意承认自己的错误或检讨自己的弱点。每一个人都尽力地坚持自己是正确的，把错误归咎于他人或者埋怨是运气不好。所以说当一个家庭的家长做得非常失败时，他首先应该问问自己，反思一下为什么别的家长做得非常成功而自己却做不到呢！答案也就很明显了，这是因为他的性格与别人的不同。

再来看我们人类历史上那些伟大成功的领导者，我们可以发现正是这些领导者身上所具有的个性品格才促成了他的成功。大家可以回想一些历史上所有伟大的作家和思想家们的性格，他们到底创造了多少在人类历史上可以称得上伟大的思想呢？看看我们过去所有的领导者留下的伟大著作，再看看他们写下的那些值得称赞的书。人类历史上到目前为止所产生的真正伟大、新颖的思想屈指可数。读一下他们的书，就可以知道他们留给我们多少思想了。在今天的我们看来这些作家并不是多么的伟大，但是在当时他们那个年代他们的思想确实是非常了不起的。到底是什么让他们如此的伟大呢？原因不仅仅是他们的思想，也不是他们所写出的书，也不是他们所做的演讲；所有这些在今天都已经不存在了，能留下的也就是他们伟大的个人品格了。我前面已经说过了人的个性占三分之二，智慧和语言只占到三分之一。给我们留下深刻印象并影响了大家的是这个真实的人本身，是一个人所具有的个人品格。

我们的行动必须是要有结果的，只要人活着就应该有所作为；只要有行动就肯定会有所收获。理想的教育、理想的训练应该是可以塑造成功人士的教育和训练。但事实恰好相反，我们总是尽力做好表面工作。如果实际的内部工作没有做好，表面修饰得那么好又有什么用呢？所有的训练应该以提高人类的素质为目标。能够影响他人，能把自己的神奇的力量用在自己同胞身上的人才是力量的发动机，而且一旦这样的人拥有了一切必要条件，他就可以做任何他喜欢的事情，他那能处理一切事务的个人品格会给他最大的帮助。

虽然大家都知道这是事实，但是没有一条我们所知道的成文的法则能够解释这一点。

我们能用化学或者物理学的规律来解释它吗？这得需要多少的氧气、氢气、碳，多少存在于不同物质中的分子，和多少细胞来解释这神秘的个人品格呢？尽管如此，我们还是把它视为一个事实，而且这样一个人才是真正不愧为人的人；也正是这样一个人在活着、行动着、工作着；也正是这样一个人在影响着、感动着他的同胞们，最终死去；他的智慧和作品是他在这个世界上生活过的唯一痕迹。想到这里，让我们比较一下那些伟大的宗教倡导者和智慧的哲学家，后者很少能够影响到人类心灵的深处，尽管他们写出了世界上最精彩的书籍。但是，宗教倡导者在他的一生中影响了许多国家的人民，导致了他们之间的差异的是个人品格。哲学家的个人品格的影响力很小，但是伟大的宗教倡导者们个人品格的影响力是巨大的。从哲学家那里我们感受到了智慧的力量，在宗教先知那里我们感受到了生命。一个是简单的化学过程，只是把一些不同的化学物质掺和在一起，然后在合适的条件下，这些化学物质就发生反应并发出一束亮光，这个反应还有可能失败；另一个就像是一把迅速传播的火炬不断照亮了别人。

瑜伽科学显示它已经发现了能够开发这种个人品格的法则，如果认真关注这些法则和方法，每一个人都可以培养和提高自己个人品质。这是最有实际意义的一件事，也是所有教育事业的秘密所在。它已经在世界范围内得到推广应用：在王室生活、穷人的生活、富人的生活，以及生意人、灵魂高尚的人。总之在所有人的生活中，提高自己的个人品质是重要的事情。在自然法则背后还有更细致的法则，也就是说在现实当中不存在物质世界、精神世界、灵魂世界；只存在一个世界，也就是说这是一种逐渐缩小的存在形式：密度最大的部分存在于这里，而且这一部分在逐渐的越来越细致、越来越好。最小最好的那部分就是精神；体积最大的那部分就是肉体。宏观世界中是这样分的，微观世界中亦如此。

我们也知道，最大的力量是固定在比较细致娇小而不是粗糙宽广的那部分。当我们看到一个人能举起重物时：我们能看见他膨胀的肌肉，在他的全身我们看到了疲劳费力的影子，我们就会认为肌肉是非常有力量的。但是，正是细小如线的神经给肌肉带来了力量；如果割断了某一根通往肌肉的神经，肌肉就根本无法工作了。这些细小的神经是从一些更精致细小的东西那里获取力量的——那个更好更精致的东西就是思想。因此说，精致细小的东西才是孕育力量的温床。当然了，我们也可以看到粗糙庞大的东西在运动；如果有更为细小精致的东西出现，我们就不会注意到那些庞大东西的力量了。一个庞大的东西在运动时，我们可以一把就抓住它，也就是说我们是在庞大的东西身上看到运动的，但是所有的力量还是存在于细小精致的东西之中。

我们看到细小的物体的运动，或许是因为它们的运动太强烈、速度太快，以致我们觉察不到它们在运动。如果在科学或者调查研究的帮助下我们能够控制这些影响庞大物体运动的细小动力，那么庞大物体的运动也就在我们的掌控之中了。就像一个从湖底产生的水泡：我们是看不到它是如何从湖底慢慢升到水面来的，只有在它到达水面后我们才能看到它。思想也是如此，只有当众多的思想产生了，或者说这些思想转化成行动之后，我们才能觉察到思想的存在。

我们总是在抱怨无法控制自己的行为，无法控制我们的思想。那么我们如何才能控制自己的思想和行为呢？如果我们能控制细微的运动，如果我们能控制思想的源泉，能够在思想成形之前就把它控制住了，那么我们就会有可能控制自己的思想和行为了。如果现在存在一种我们可以分析、调查研究、理解的方法，在此方法的帮助下最终能够掌握了那些细微事物产生的力量，细微事物的起因，也只有这样我们才有可能控制自己。所以，能够确实控制自己思想的人才可能控制别人的思想。这就是为什么宗教的目标是追求纯洁和道德，纯洁、道德高尚的人能够控制自己，所有的思想也都是相同的——他们只是同一个思想的不同部分，能够认识一堆土的人，也就能够认识宇宙中所有的土了。那些知道并可以控制自己思想的人，才会知道每一个思想的秘密并能控制所有的思想。

如果我们能够控制这个精细的部分，我们就能摆脱物质世界上许多罪恶的事物了；如果我们能够控制细微的运动，我们也就能摆脱烦恼了，这就是精细事物的实用性。除了这些还有更高、更好的，现在我要告诉大家一种理论，在此我不想讨论它我只想简单地告诉大家结论。每一个人从童年时期成长为成年人都要经历他那个种族在成长过程中所走过的每一个阶段；只是一个种族要花上千年才能成长起来，而小孩只需要几年的时间就长大成熟。小孩一开始就像古时的野蛮人一样，他会残忍地把一只蝴蝶踩死在自己脚下，他就像自己种族的原始祖先一样。他的成长要经历好几个阶段，直到他最后成长为现在的种族人的样子；他的成长是非常迅速的。假设整个人类就是一个大的种族，或者假设所有的动物是一个种族——也就是把人类和低等动物看作同一类。这一整个种族的发展总有一个结束的时候，我们就把这个称为种族达到完美的过程。人们没有坐着等待或者一代又一代地繁衍下去直到整个人类达到完美，相反他们仅仅花费了自己生命中的短短几年的时间努力争取走向完美。如果我们想做一个真正的自己，我们就会加速这个发展的过程。如果把许多没有任何文化背景的人抛弃在一个食物匮乏、缺少衣物、没有房屋的孤岛上，他们也会随着时间的流逝进化到高度发达的文明。但是我们也应该知道，借助其他外在的力量可以加速发展。我们帮助树木成长得更快，是吧！只把树木放在大自然中它们也会成长，只是这样要花更长的时间才能成长起来。在我们人类的帮助下，它们只需要更短的时间长大成材，否则它们要许多年才能长大。我们一直在做同一件事情——利用人工的方法加快事物的成长。

我们为什么就不能加快人的成长过程呢？作为一个种族我们可以这样做，为什么我们要把老师派到其他国家去呢？因为通过这种方式，我们可以提高其他种族的发展速度。那么，我们能否提高个人的成长速度呢？当然可以。我们能不能给这个发展过程定一个期限呢？我们无法确定一个人在他的一生中能发展到什么程度。大家没有理由可以说一个人可以做多少或者更多的事，环境也可以显著地促进人的成长。那么，能否给人定一个可以达到完美的期限呢？

如果可以的话，应该有什么样的准则呢？一个完美的人，也就是一个拥有了他那个种族发展了几百万年才达到的水平的人，可以今生就达到那种完美。瑜伽士是这样说的：所有的道成肉身（the incarnation）和先知们就是这一类伟大的人物，他们就是在今生就达到了完美的人。在世界历史的每一个阶段、每一个时期都有这么伟大的人物。最近就有这么一个人，他经历了一个种族发展所经历的一切，并在今生就达到了完美。如此迅速的成长速度也是遵循着法则的。假设我们能够找出这些法则，研究出它们的秘密所在，并运用到我们的需要之中。我们就可以加速我们的成长，加快我们的发挥过程，我们也就可以在今生达到完美了。

这就是生命中比较高级的那一部分，研究思想和思想力量的科学就可以让生命达到至善至美。用金钱和物质来帮助他人以及教导他们如何顺利地度过日常生活是次要的，这门科学的目的就是完善人类，以免让他等待数代，也努力不要让他成为这个物质世界的玩偶，就像一段在海洋中随波漂浮的木头，这门科学想让人身体变得强壮，让人自己做主而不要受大自然的摆布，而且还要超越今生。这就是伟大的瑜伽。

人的知识、力量和快乐都是在逐渐增长的。作为一个种族我们也在不断的成长。我们认为这一点是完全正确的。对于个人来说，这一点也是正确的吗？从某种程度上说是正确的。但问题是，把范围定在哪里呢？我想只有几尺远的距离。但是我曾经见过一个人，他能闭着眼睛看到在另一个房间里发生的事情。你或许会不相信，但是那个人可能用三周的时间就能让你也可以闭着眼睛看到另一个房间里发生的事。这种功能每个人都可以学到，一些人只需要花五分钟的时间就可以学会如何读懂另一个人思想中的变化，这些事实都是有实际例子可以证明的。

如果这些事情都是真实的，又该如何制定范围呢？如果人能在这个房间的角落里读懂另一个人在想什么，那么在另一个房间里呢？其他地方呢？我们不能说他们不能，我们也不敢说这是不可能的。我们只能说我们不知道这到底是怎么一回事。物理学家没有权力说这样的事情不可能发生；他们也只能说“我们不知道”。科学需要搜集事实、概括事实，再推断出规律，然后才能得出结论——科学就是这样的。但是，如果我们一开始就否认这些事实，那又怎么会有科学的存在呢？

人们能够获得的力量是没有止境的。这就是印度人思想的奇怪之处：一旦对一件事产生了兴趣，他就会把全部精力集中在上面，而忽视了所有其他的事物。大家应该知道有好多门科学都起源于印度。数学起源于印度。大家在今天仍然像梵文数字这样从一、二、三开始数数，数到零为止，大家也应该知道几何也是开始于印度，印度人早在牛顿出生的几个世纪之前就知道地球引力这回事。

大家都知道了这些奇特之处了吧，在印度历史上的某个时期，印度人把全部精力和思想都放在了印度教上。他们对印度教是如此的着迷，或许因为他们认为印度教是他们达到完美的最简单的方式。现在，印度教具有很大的说服力，人们会按照这个教的法则去做思想中任何想做的事，这个教的法则也成了人们学习的主要内容。魔法、巫术以及其他的力量对他们来说都没有什么奇特之处。印度人经常学习这些东西，就像在这之前他们学习物理学一样。这个民族如此相信这些东西以致物理学几乎濒临灭绝。就这么一件事情吸引了他们的全部注意力，瑜伽士的许多不同教派开始做各式各样不同的试验。一些派别做了关于光的试验，他们试图找出不同颜色的光是如何引起身体内的变化。他们只穿某一个特定颜色的衣服，吃那个颜色的食物，用那个颜色的东西，所有的试验都是采用这样类似的方法做的。其他还有关于声音的试验，他们通过捂住或者敞开自己的耳朵来做这样的试验。还有一些关于嗅觉的等等其他的试验。这些试验的目的就是要找出事物的源头，找到一件事物最精细的那部分，其中还真有一些试验取得了惊人的成果。

许多人都尝试过飘浮在空气中，或者通过空气来行走。我要告诉大家一个我从一位西方学者那里听到的故事。这个故事是塞廊（Ceylon）总督告诉他的，而且是那个总督亲眼所见的。说是一个女孩盘腿坐在一个交叉的棍子做成的凳子上被带到前面来。那个女孩在凳子上坐了一段时间后，那个表演者就把那些交叉的棍子一根一根地抽了出来；所有的棍子都抽出来后，就剩下这个女孩悬浮在空中了。这个总督想其中肯定有什么骗人的把戏，于是他就朝那个方向砍了一刀，刀就从那个女孩的下方迅速地穿了过去。再看时，那里竟然什么东西都没有。这究竟是怎么回事呢？这应该不是什么巫术或者超自然的东西。简直太奇怪了，不会有印度人告诉你说这样的事情是不可能发生的。在印度教徒看来，这是理所当然的事情。你们知道印度教徒在同敌人打仗的时候经常会说什么吗？他们会说："又一个练习瑜伽的人来了，我们要把他们驱逐出去！"或许这么说有点太极端了。但是就算是那样的，那么他们手中的刀剑又有什么力量呢？其实，力量在他们的灵魂里。

如果这些都是真的，那么要使思想达到最高境界的诱惑力实在是够大了。但是就像其他的科学很难有什么重大突破一样，这门科学也是如此，或者说更难有什么大的进展。大部分的人仍然认为这种力量是很容易就能得到的。那得需要多少年才能交到好运呢？大家想一想。首先，你得花多少年才能学会电子科学或者是工程学呢？然后你还得用毕生的精力来做这一行。

还有许多科学是研究那些静止不动的物体。你可以分析一把椅子，椅子是不会从你面前飞走的。可是我现在所说的这门科学是研究思想的，而思想是时刻变化的；在你想研究思想的那一刻，思想就转瞬即逝了。此刻思想处于一种状态，下一刻思想或许就不是这样的了——总之，思想一直处在不停的变化之中。尽管思想一直在变，我们还是要研究它、理解它、抓住它并控制它。这门科学是多么难，大家可想而知了！它还需要强化的训练，人们问我为什么不给他们教授实用的东西。为什么呢，这简直是在开玩笑！我站在这个讲台上给大家上课，然后你们回家后会发现我讲的一点用处都没有；我也会觉得没有用。你们就会说："全是胡说八道。"是胡说八道，如果你们觉得它是没有用的那就是胡说了。我对这门科学懂得也很少，但是我懂了的那些东西是我努力花了三十年的时间才学到的，其中有六年的时间我是在告诉大家我所知道的东西。但是就这点东西却花了我三十年的时间去学习——三十年的艰苦奋斗啊！有的时候我一天当中有二十个小时都在研究、学习这个；我也有一晚上只睡一个小时的时候；有的时候我一晚上都不休息地在工作学习。有时我曾经住在没有任何声音和其他生命呼吸的地方；有时我也不得不住在山洞里。大家想想，那是多么艰苦啊！这么用功地学习我知道的还是少之又少；我还只是碰到了科学外衣的一个角。但是我知道了这门科学是真实、博大的，是一门有趣的学问。

如果你们当中真的有人想要学习这门科学的话，那你首先就应该有坚定的决心，比那些决定做生意的人的决心还要大才行。大家应该都很清楚做生意需要投入很大的精力，而且也是一项非常艰难的工作。就算是你的父母、孩子都死了，生意也还得照做。就算你已经伤心欲绝，你也得去做生意，尽管你得在痛苦中度过每分每秒，这就是做生意。我们认为这样做所有的一切都是应该的，都是正确的。

我说的这门科学比其他任何生意都需要付出更多的实践。许多人可以做一个成功的生意人，但是很少有人能在这门科学上取得成功，因为这要求学习者必须有相当的体力才行。就像在生意中一样，并不是所有的人都能成功地赚到钱，但是每个人都会得到点什么，学习这门科学的人也都会感受到那些能让他们相信这门科学是真实的，是有事实依据的东西，因为曾经有人成功地学到这门科学。

我前面讲的就是这门科学的大体轮廓。它有自己的事实依据，有自己的立脚点，并挑战其他的科学。在这个领域里有比其他任何科学领域更多的冒充内行的人、巫师和骗子。原因是什么呢？理由很简单，在一个有利可图的生意里当然会有更多的欺诈行为。但是，我们也没有理由就说这个生意不好。还有一点是，倾听所有的辩论也是一项好的智力训练，倾听奇妙的事物也是一种智力的满足。如果你们当中有人真的想学习这门科学的话，仅仅听几场讲座是不够的。科学是不可能在讲座中学到的，因为这门科学还是一种生活。如果你们当中任何人下定决心要学的话，我会非常乐意提供帮助。

第十二章

自由的灵魂

（1896年发表于纽约）

“一切现象的背后永远都站着一位知者；他自己就是这些现象。”他既是主体也是客体，他是“我”和“你”。怎么认识这位知者？知者并不认识自己；我能够看清每一个事物却无法看清自己。自我、知者、上帝、真实存在，是宇宙中一切可视之物产生的原因，但他无法看清或是认识自己，除非通过映像。如果没有镜子，你就无法看见自己的脸；如果自我未被反射，它就无法认清自己的性质。因此，整个宇宙就是自我在尝试着认清自己。这种反射首先来自原形质，然后来自植物和动物等这些越来越高级的反射体，直到最高级的反射体，才呈现出最完美的人——就像一个人想要看清自己的脸，首先在一个污浊的小水坑，他只看到一个模糊的面部轮廓。然后他来到一个清水池，能看到一张比较清晰的脸；当他来到一块光亮的金属板前，他能看到更清晰的肖像。最后他来到一面镜子前，看到的映像就是自己真实的模样了。因此完美的人就是最高级的反射体，他既是主体也是客体。你现在可以找到，人总是本能地崇拜一切事物以及每一个国家的完美之人都被敬若神明的原因。你可以发表自己的不同见解，但完美的人更容易受到人们的崇拜。这就是人们崇拜耶稣或菩萨等神明的化身的原因，他们是永恒自我的最完美显现，他们比你我所能创造出的一切神明的概念都更高一等。一个完美的人比这些概念都更高级，在他身上圆圈变得完整，主体和客体合二为一；

在他身上一切虚幻都消失不见，取而代之的是一种领悟，那就是他永远是完美的存在。他还会受到什么束缚吗？这个完美的存在又怎会降级，变得不完美？不二论者（古印度的一个哲学派别）说，他从不受到束缚，永远是自由的。天空上颜色各异的云朵交织往来。它们在一处稍作停留，然后消失不见。然而蓝天永远在那里无限伸展，从未发生任何改变，发生改变的只是云朵。所以你永远是完美的，永恒的完美。没有什么事物或意志可以改变你的品性，我是完美的，我是一个男人，或女人，或罪人，我是一个思想家——所有这些我已经想过的，我将要想出的，都是幻想；你从未想过，你从未拥有一个身体；你从来都不是不完美的。你是这个宇宙中受祝福的上帝，是现在和将来一切事物的一个无所不能的统治者，是太阳、月球、地球、所有其他星球以及宇宙中所有微小事物的万能统治者。只有通过你太阳才能升起，星星才能发出光芒，地球才变得美丽；只有通过你的祝福世间男女才会相爱，相互吸引。你无处不在，你就是一切；逃避谁，寻找谁？你就是一切的一切。当这种意识降临的时候，一切错觉都立即消失不见了。

我有一次在印度的沙漠里旅行。我的旅行进行了一个多月，总能在我面前发现最美丽的风景，漂亮的湖泊之类。有一天我感到口干舌燥，想到其中一个湖泊去喝水，但当我走到那个湖泊边时，它消失了。

我的脑中立刻闪现一个念头——这些都只不过是海市蜃楼。我明白过来后，对自己的愚蠢感到可笑，因为前一个月的旅行中所见到的一切美景和湖泊都只是虚幻之物，当时我竟然无法辨别。第二天早晨我又开始启程了，美景和湖泊仍然存在，但我一看到它们就闪过一个念头："这些都是虚幻的。"一旦知道了这一点，错觉就失去了它的力量。因此，宇宙中的这种错觉终有一天会被打破的。所有这一切都将融化、消失，这就是领悟。哲学并非笑话或闲聊，它必须被领悟；肉身将会消失，这个地球和一切事物都将消失，曾经产生的我是身体或者意识的想法都将消失。如果业（Karma,佛教名词,一种认为一个人的行为在道德上所产生的结果会影响其未来命运的学说）消失了，它也将会消失，永远不再返回；如果业的其中一部分仍然存在，它就像陶工的轮子一样，在陶工做完一只陶罐后，仍然依靠之前的动力继续转动。身体也是一样，当幻觉全部消失后，它将继续留存一段时间。当这个世界再次来临，人和动物都将来临，就像我履行的第二天早晨看到的海市蜃楼一样，但其动力是不同的；同样来临的还有这样一种想法——我现在知道了它的性质，它不会产生任何束缚，不再有疼痛、悲伤和痛苦。无论何时，当任何痛苦来临时，意识都能够说："我知道你是幻觉。"当一个人达到了这个境界，他就被称为吉范木卡达（Jivanmukta,梵文,指一个人在当世已经获得开悟解脱,所有善业、恶业的力量都到此为止,不会再造出新的业力,所以也不会再有任何能量能够牵引着他来轮回流转),在世间获得解脱,即使活着也是自由的。对于胜王瑜伽士(Jnana-Yogi)来说,此生的终极目标就是成为吉范木卡达,“在世间获得解脱”。 吉范木卡达能够活在世上而不受束缚,他就像水池里的莲花,出淤泥而不染。他是最优秀的人类,不,是最高级的存在,因为他已经领悟到自己是与绝对存在是一样,领悟到自己是与上帝同在的。只要你认为自己与上帝有一丝一毫的差异,恐惧就会抓住你。但当你知道自己就是上帝,与上帝毫无差别,完全没有任何差异时,你就是上帝,是上帝的一切,一切恐惧都会消失。谁看得见他?谁崇拜他?谁与他交谈?谁聆听他?一个人看到另一个人的地方,一个人与另一个人交谈的地方,一个人听到另一个人的地方,都是微不足道的。没有谁看得见谁的地方,没有谁与谁交谈的地方,才是最高级的、最伟大的,那就是梵(Brahman)。一旦到达那里,你就永远在那里。那时世界会变成什么样?我们对世界有何益处?这些问题都不会出现。“如果我变老了,我的姜饼会有什么变化?”婴儿说。“如果我长大了,我的弹珠是不是没有了?所以我不要长大。”男孩说。“如果我变老了,我的玩具会变成什么?”小孩说。这个世界的问题也与之类似,过去、现在或者将来都没有任何存在。假如我们已经理解灵魂(Atman)的本质,假如我们已经知道除了灵魂之外没有任何事物,其他事物只不过是一个梦,在现实世界中并不存在,那么这个世界,连同它的贫穷、痛苦、邪恶和美好都将不会来打扰我们。如果它们并不存在，我们还会为谁、为何遇到麻烦吗？这就是胜王瑜伽士所教导的。因此，我们应该敢于追求自由，敢于按照自己的想法去做，敢于去实现这个梦想。达到若那（Jnana，佛教术语,指辨认事物、判断是非善恶的能力或认识）的境界是非常困难的，只有最勇敢的人，勇于打破一切理性上的或者感觉上盲从的人才可以做到。这个身体不是我，它必须离开。所有匪夷所思的事情都会随之发生。一个人站起来说："我不是身体，因此我的头痛必须被治愈。"但如果不是在他的身体里，头痛又从何而来？让一千次头痛和一千个身体来了又走吧，这与我何干？我既未出生也未死亡；从来没有父母，没有朋友或敌人，因为他们全都是我。我是自己的朋友，我是自己的敌人。我是存在、知识和福佑的绝对。我是他，我是他。如果我在一千个身体里受到发烧和其他疾病的困扰，那么我在数百万个身体里就是健康的。如果我在一千个身体里忍饥挨饿，那么在其他几千个身体里我就是丰衣足食的。如果我在一千个身体里遭受痛苦，那么我在几千个身体里就是幸福的。谁会谴责谁，谁会赞美谁？寻找谁，逃避谁？我既不找寻任何人，也不逃避任何人，因为我就是整个宇宙。我赞美自己，我谴责自己。我因自己而痛苦，我由自己的意志而快乐，我是自由的。这就是智慧瑜伽士（Jnani），勇敢无畏的人。任整个宇宙毁灭吧！他微笑着说它从未存在过，一切都不过是幻觉。他看着宇宙毁灭！它来自哪里？它已经到哪里去了？

在讲实践部分之前，我们再来探讨一个理论性问题。至今为止，逻辑都是极其严格的。一个人进行推理时，他总是站不住脚的，直至达到最后一步，那里只有唯一的存在，其他一切都是虚无的。理性的人类没有其他方法，只能接受这一观点。但无限、完美、存在、知识和绝对是如何在这些虚幻之下来临？这是全世界的人都已经提出的同一个问题。这个问题通俗的表达是："罪孽如何来到这个世界上？"这是问题最通俗、最感性的表达形式，另一种则是它最具哲理性的表达形式，但问题的答案都是相同的。各种阶层和流派都已经提出这个问题，但低级表达的问题是无法找到答案的，因为苹果、蛇和女人的故事没有给出问题的答案。在那种说法中，提出的问题是幼稚的，因而给出的答案也是幼稚的。但现在提问的水平更高了："这种幻觉是如何产生的？"答案就是我们无法为一个不可能存在的问题找到答案。这个问题是无法用语言来表达的。你没有权利提出这个问题，为什么？什么是完美？超越时间、空间和因果的东西就是完美。接着你会问完美如何变得不完美。用逻辑语言来表达这个问题是这样的："不是因果关系的如何变为原因？"你在自相矛盾。你首先要承认这不是因果关系，然后才问原因是什么。这个问题只有在因果关系的范围内才能被提出。只要时间、空间和因果还在扩展，这个问题就能够被提出。如果不是在时间、空间和因果的范围内，提出这个问题就是荒唐的，因为问题本身是不符合逻辑的。在时间、空间和因果之内，我们永远无法找到问题的答案，因为这些问题的答案可能隐藏于这些限制之外，我们只有超越限制才能够知道答案。因此，智者会对这个问题置之不理。当一个人生病了，他会努力治愈自己的疾病，而不是坚持首先追究自己是怎么得病的。

这个问题还有另一种表达，虽然有些通俗，却更加实际：是什么产生这种虚幻？现实能够产生虚幻吗？当然不能。我们知道是一种虚幻产生另一种虚幻，是虚幻不断地制造虚幻。是疾病制造疾病，而非健康制造疾病。波浪是与水一样的东西，结果是原因的另一种形式。结果是虚幻的，因此原因必须也是虚幻的。是什么产生这种虚幻？另一种虚幻。以此类推，没有开端。你可以提出的唯一问题是：这不是否认了你的一元论（monism）吗？因为你在这个宇宙中有两种存在，一个是你自己，另一个是虚幻？答案是：虚幻并不能称为一种存在。成千上万个梦进入你的生活中，却无法形成你生命中的任何一个部分。梦来了又走，它们没有存在。把梦当作存在无疑是诡辩的。因此宇宙中只有唯一一种存在，永远自由，永远受到祝福。你正是如此，这就是不二论者得出的最后结论。

可能有人会问：这些各种形式的崇拜的结局是什么？它们将仍然存在；它们只不过是在黑暗中探索光明，通过这种探索光明才会降临。我们刚才已经明白自我是无法认清自己的。我们的知识局限于Maya （虚幻）的网络中，超越这个网络就是自由，是不受法则束缚的；而处于网络之内的就是奴隶，受到一切法则的限制。存在是被法则所统治的，超越法则的统治就是自由。你处于时间、空间和因果交织的网络之内，却说自己是自由的，那是极为荒谬的。因为在那个网络内，一切都处于严苛的法则、秩序和必然的管束之下。你的每一个念头都是有起因的，每一种感觉都是有来源的；说意志是自由的是极其荒谬的。只有当无限存在来临，进入虚幻的网络之中，它才会成为意志。意志陷入虚幻的网络之中，因而“解脱”是对它的一种误称。它意味着虚无——绝对的荒谬，在虚幻中是没有自由的。

每个人的思想、言语、行为都受到约束，就像一块石头或这张桌子一样。现在我对你们讲话所受到的约束是严苛的，你们听我讲话时也是如此。在超越虚幻之前，你是没有自由的，那是灵魂真正的自由。然而，无论人们多么聪慧和睿智，对逻辑的力量有多么清楚的认识，这里没有什么是自由的。他们都只是被迫认为自己是自由的；这是无奈之举，因为在我们开始说自己是自由的这句话之前，没有任何工作能够继续进行。这意味着我们所说的自由只不过是对云朵遮挡下的蓝天的一瞥，而真正的自由——蓝天本身——隐藏在背后。真正的自由无法存在于这个世界的错觉、幻想、荒谬、感觉和思想之中。所有这些梦境，没有开始或没有结局的、不受控制的或无法控制的、无法调整的、破碎的、不和谐的，都形成了我们对宇宙的看法。在一个梦中，你看见一个长着二十颗头颅的巨人正在追赶你，你拼命地逃跑，但你不会觉得这是不正常的，你认为这是理所当然的。法则也是如此，一切你称之为法则的东西只不过是毫无意义的意外。在这个梦境中你称之为法则。在虚幻中，只要有时间、空间和因果的存在，就不会有自由；一切各种形式的崇拜都处于虚幻之中。上帝和野蛮人的概念都是虚幻，二者都是同样的幻觉，一切都是梦境。但你必须谨慎，不要像我们现在听到的某些另类的人那样狡辩。他们说上帝是虚幻的，而这个世界是真实的。这两种观点都因为同样的逻辑站稳或摔倒。当然，他有权做一个否认这个世界的无神论者。同样的虚幻从上帝延伸至最低等的动物，再从一棵小草延伸至造物主。错误理解上帝的人对自己的身体和思想的理解也是错误的，如果上帝消失不见，那么我们的身体和思想也消失了；当二者都消失后，真正的存在仍然永远留存。“眼睛看不见的地方，无法用语言来表达，也不能用大脑去思考。我们连看都看不到，更别说去理解了。”现在我们懂得了无论言语、思想、知识和智力走得多远，都只是处于虚幻的束缚之中。超越虚幻就是现实，无论是思想或是言语，都无法达到那里。

现在我们已经研究了理论性的问题，接着来探讨实践部分。真正的工作是在实践当中。实践有无领悟这种单一性的必要？

绝对如此。你并不是要成为梵净（Brahman）。你已经是梵净了。你不是要成为上帝或完美，你已经是完美了；如果你认为自己不是，那就是幻觉。这种幻觉能够利用另一种幻觉来消除，这就是练习。火焰能够吞噬火焰，你也可以用一种幻觉去战胜另一种幻觉。一片云层能够刷掉另一片云层，然后两片云层都会消失。那么这种练习是什么？我们必须在脑子里牢记的一点是，我们并不是要得到自由，我们已经是自由的了。如果我们觉得自己受到束缚，那么这些想法都是虚幻的。如果我们感到幸福或者不幸福，那么这样的想法是极其虚幻的。另一种虚幻将会来临——我们不得不祈祷，苦苦追求自由——它将赶走前一种虚幻，然后二者都会消失。

我们的不完美只不过是一种幻觉。我们利用另外一种幻觉来战胜这种幻觉，那就是我们必须加以练习才能变得完美。一种幻觉会赶走另一种幻觉，就像我们可以利用一根刺来挑出另一根刺,然后把两根刺都扔去。有的人拥有足够的知识，他们会听得到“Thou art That”。就在一瞬间，宇宙消失了，真性绽放光芒。有的人则要经过艰苦的努力才能摆脱这些思想的束缚。第一个问题是：谁适合成为胜王瑜伽士？那些符合这些要求的人：首先，放弃今生和来世的一切享受。如果你是这个宇宙的创造者，你无论想得到什么都可以得到，因为你是为自己而创造宇宙的，这只是时间问题。有些人立即就能够得到自己想要的，有些人则要经过漫长的道路才能满足自己的愿望。我们的第一种欲望往往是享受。如果你放弃享受，就没有所谓的生命了；因为生命只不过是死亡的别称。谁会在乎生命？生命只不过是那些虚幻中的其中一种，死亡则是生命的相似之物。快乐也是虚幻中的一部分，痛苦是虚幻中的另一部分，等等。生或者死与你何干？它们都是思想的产物，这就是放弃今生和来世的一切享受的欲望。

接下来是控制思想，使之平静如水而不产生一丝涟漪，生出各种欲念。保持思想的稳定，不让它由于外部或内部原因而升起波纹。运用意志的力量，完美地控制思想。胜王瑜伽士无须借助任何一种物质或精神上的帮助，哲学推理、知识以及自己的意志，就是他依赖的工具。接下来是忍耐（Titiksha），忍受一切痛苦而不喃喃抱怨或愤愤不平。受到伤害时，不要去理会它。就算老虎来了，你仍然镇定地站在那里。谁会飞快逃跑？有人练习耐力，取得了成功。有人在印度的仲夏睡在刚果河畔，隆冬季节则在刚果河上漂浮一整天，他们都不以为意。有人坐在喜马拉雅山的雪地里，却不穿任何御寒衣物。什么是热？什么是冷？任这些事情来来去去，它们对于我来说是什么，我不是这具肉身。在西方国家，这一切是令人难以置信的，但你们最好知道这些事情已经被别人做到了。正如你们的国民敢于跳到炮口，或者开赴最危险的战场一样，我们的国民也敢于思考和实践他们的哲学。他们为此而献出生命。“我是存在、知识和福佑的绝对；我是他，我是他。”正如西方的理想是保持生活的奢华一样，我们的理想是保持精神的最高境界，证明宗教并不是空洞的大话，而是可以运用的，哲学的点滴在生活中都是可以付诸实践的。这就是忍耐，忍受一切，而不是抱怨一切。我自己听一个人说过：“我是灵魂，宇宙对于我是什么？既不是快乐也不是痛苦；既不是美德也不是邪恶；既不是炎热也不是寒冷，对于我来说它们都不存在。”这就是忍耐，不追逐身体上的享受。宗教是什么？祈祷“给我这东西给我那东西”？这是对宗教的愚蠢理解！这些人对上帝和灵魂没有一个正确的概念。我的老师曾说：“秃鹰飞得越来越高，直到自己成为一个黑点，但它的眼睛一刻都未离开地面上的腐肉。”究竟什么才是你希望通过宗教得到的东西？更多的面包和衣物？这些东西每一分钟都在出现和消失。谁在乎？谁在乎这个小小世界里的快乐痛苦和盛衰沉浮？如果你足够勇敢，就超越它吧；跨越一切束缚，让整个宇宙消失，你遗世独立。“我是存在、知识和福佑的绝对；我是他，我是他。”

第十三章

冥想

冥想是一切瑜伽所极力强调的。瑜伽士的冥想境界是世界上存在的最高境界。当意识正在对外部事物进行研究时，它就与之融为一体，失去自我了。引用一位古印度哲学家的比喻：人的灵魂就像一块洁白无瑕的水晶，但它会染上周围物体以及它所接触到的任何事物的颜色……它必须还原自己的本色。这是非常困难的，这会形成一种束缚。外部事物的颜色是如此光鲜亮丽，水晶忘记了自己的本来面目，使自己变成同一种颜色。假设水晶附近有一朵红花，它就会披上红色而忘记自我，认为自己也是红色的。我们的躯壳已经换上了另一种颜色而忘记了自己是谁，一切接踵而至的困难都源于那个已经死去的躯壳。我们的一切恐惧、忧愁、焦虑、麻烦、错误、软弱、邪恶，都来自那个滔天大错——我们都只是肉体凡胎，是极普通的人，是会染上身边花朵颜色的人。我们与染上花朵颜色的水晶无异。

冥想是可以训练出来的。水晶懂得这样做，那它就能还原自己的本色。冥想比其他任何事物都能带我们更加接近真理……

在印度，有两个人相遇。如果用英语他们是这样打招呼的——“你好！”而印度人打招呼时说的是“你是站在自己身上吗？”当你站在其他的东西上时，你就会有遭受痛苦的危险。这就是我对冥想的理解——灵魂想要站在自己身上。当灵魂在自我思索、留住自己的荣耀的时候，它这时状态一定是最为健康的状态。不，我们其他所有的办法——使自己兴奋、祈祷等等都不能派上用场。在深层的情绪兴奋中灵魂试图站在它自己的身上。尽管情绪也可能由其他外部事物引起，但思想是有一个中心的。

冥想有三个阶段。第一个阶段被称为Dharana，将意识集中在一个事物上。我试着将我的意识集中在这只玻璃杯上，将其他所有事物从我的意识里排除出去，除了这只玻璃杯之外。但意识是摇摆不定的……当它变得强大并且不再如此摇摆，这时的冥想就被称为Dhyana。冥想还有一个更高的境界，那就是玻璃杯和我自己的区别已经消失——Samadhi或全神贯注。意识和玻璃杯融为一体。我看不见它们有任何区别。所有的感觉都停止了，一切力量都已经通过其他的感觉（集中于意识）来起作用。这时这只玻璃杯就完全在意识的力量控制之下了，这是可以实现的。它是瑜伽士所玩的惊险游戏……当然,外部事物是存在的，真实存在于我们周围的事物并不是我们所见到的。我所见到的玻璃杯一定不是外部事物；我并不知道外部存在一只玻璃杯，而且永远都不知道。

某些事物会给我留下印象。我立即对它做出反应，玻璃杯就是二者结合的产物。外部行为X，加上内部行为Y，这只玻璃杯就是X和Y的结合体。当你看着X，称之为外部世界——当你看着Y，称之为内部世界……如果你试图将自己的意识和外部事物区分开，就会发现二者之间并无差别。世界是由你和其他事物结合而成的……

让我们来举另一个例子。你正在往一个平静的湖面扔石头。你所扔的每一块石头都会引起一个反应。石头被湖面荡起的小波纹覆盖住。同样地，外部事物就像扔进意识这个湖水里的石头。所以我们并没有真正看见外部事物……我们看见的只有波纹……

这些在意识里荡起的波纹已经引起了许多外部事物。我们并不是在讨论唯心主义和唯物主义。我们承认事物存在于外部的，但是我们的所见与外部存在的事物是不同的，因为我们看见的外部事物已经加入了我们自己的因素。假设我将自己的因素排除出玻璃杯之外，那还剩下什么？几乎什么都没有了。玻璃杯将会消失。如果我将自己的因素排除出桌子之外，那么这张桌子还剩下什么？当然不是这张桌子了，因为它是外部世界加入我的因素之后的混合体。这个可怜的湖水不得不在石头扔进来的时候对着石头掀起波纹。意识必须对任何一种感觉掀起波纹，假设……我们可以控制意识。我们立即就是一个博士了。我们拒绝将自己的因素加入所有这些现象之中……如果我的意识不参与，那么它就会保持平静。

你总是在制造这种束缚。怎样制造？将你的因素加入。我们都在制造自己的床铺，打制我们自己的锁链……当这种外部事物和我自己的区别消失，我能够将自己的因素剥离出来，而这个外部事物也会消失。我会说“这是玻璃杯”，然后将我的意识从中剥离，玻璃杯就消失了……如果你能够将自己的因素剥离出来，那么你就可以在水面上行走。为什么还让它将你淹没？你不再遇到任何困难。在自然界的每一种现象中你至少可以贡献一半的因素，而自然贡献另一半。如果你的一半被分离，那么这个现象就必须停止了……每一种行为都会引起同等的反应……如果一个人打了我，我受伤了，这就是那个人的行为和我身体的反应……假设我全身有如此大的力量，我甚至可以自动进行抵抗。这种力量可以得到吗？书上说这是可以的……如果你被它绊倒了，那它就只是一个奇迹。如果你努力地去学习它，它就是瑜伽。

我曾见过有人用意识的力量使病痛得到痊愈。意识是一个拥有神奇力量的工作者。我们以为他是通过祈祷而使自己痊愈的。另一个人说："并非如此。是意识的力量。这个人是一位科学家。他清楚自己的情况。"

冥想的力量能让我们得到一切。如果你想得到超自然的力量，你就可以通过冥想来得到它。通过冥想的力量，今天的一切科学事实才得以发现。他们研究这一课题而忘记了一切、忘记自己和任何事情，然后伟大的事实才像闪电一样来临。有些人认为那是灵感。灵感并不会多得像呼出的空气，也永远不能不劳而获。

所谓灵感的最高形式就是耶稣的工作，他在复活之前就已经努力工作了几年。复活他之前艰苦工作的成果……谈论灵感是极为荒谬的。如果它是这样，那么它早就像雨点一样落下来了。任何得到灵感的人只在教育和文化普及的国家里出现。并不存在什么灵感……灵感所带来的任何东西都是原因引起的结果，是已经存在于意识中的。某天，一瞬间结果就闪现出来了！他们之前的工作就是原因。

你可以从中看到冥想的力量——思想的强度。这些人搅动他们自己的灵魂，伟大的真相就浮出水面，变得显而易见。因此，冥想的作用是得到知识的科学方法。没有冥想的力量就没有知识。我们可以通过冥想来治愈疾病，而不再无知和迷信。假如一个人告诉我如果你喝下某种毒药你就会被毒死，当晚另一个人来说："喝下毒药！"结果我并没有死。事情是这样的：我的思想刚好从毒药和我自身的合一中抽离出来。如果我不是在这个时候喝下毒药，那么我一定被毒死了。

如果我知道原因并科学地将自己提升到那个冥想的境界，那么我就可以挽救任何一个人的生命。这就是书上所写的，但它的正确性需要你自己来鉴定。有人问我："你们印度人为什么不征服这些东西呢?你们总是声称比其他人都高明。你练习瑜伽并且练得比其他任何人都要快。你们是能够胜任的。拿出来看看吧！如果你们都是伟大的人，那应该有一个伟大的系统。你们将不得不对一切神灵说再见。让他们睡觉去吧，因为你们就是伟大的哲学家。你们只不过是小孩子，和世界其他地方的人一样迷信。你们所声称的一切都是失败的。如果你们这样声称了，那就站起来坚持住，天堂里的一切都将是你们的。麝香鹿体内带着芬芳，但它并不知道香味来自何方。一天天过去之后，它终于发现香味来源于自己。一切神灵和魔鬼都来源于它们自己。运用你们的推理、教育和文化去找出来，就不存在任何神灵和迷信了。你想变得理性，想成为瑜伽士，实在是空想。” 我的回答是：如果什么都是物质的，有什么比坐在宝座上的上帝更物质主义呢？你看不起对着神像膜拜的穷人。你也好不到哪里去。你这个拜金主义者，你是什么？对着神像膜拜的人是崇拜他自己的神，是他能看到的东西，而你没有做，你甚至不会这样做。你不崇拜神灵或是你能够懂得的东西……空话者！“上帝是精神上的！”所以应该用精神和信仰去崇拜它。精神存在于哪里？在树上？在云端？你说上帝是属于我们的是什么意思？你是精神主义者。这是你永远无法抛弃的基本信仰。我是一种精神人类。一切瑜伽技巧和冥想的体系以及其他一切都只是去发现它。我刚才为什么要说这些？在弄清状况之前，你没有发言权。我是精神的，因此一切神灵的精神必定在我的灵魂内存在。那些认为精神存在于其他地方的人是无知的。因此我们可以在这一个以及我体内所有存在过的天堂里找到它。一些圣人在明白了这个道理后，将他们的视线转向内部，到自己的精神世界里寻找一切神灵的精神。这就是冥想的范围。找到关于上帝，关于你自己的灵魂的真理，从而得到解放……

你们都在为生活而奔忙，但我们发现那是愚蠢的。还有比生命更高级的东西。生命是低等的、物质的。我为什么一定要活着？我是比生命更高级的东西。活着往往会被奴役，我们总是被弄糊涂……一切都是一条连续不断的奴役的绳索。

你得到一些东西，没有人可以教会另一个人，我们只能通过经验去学习……年轻人是不相信生活中有任何困难的。你无法说服一个老年人生活是一帆风顺的。他已经有了许多经验。这就是差别所在。我们冥想的力量一步一步地控制所有这些东西。我们已经理性地理解了这些东西的区别——精神、意识、物质等等——没有真实的存在……存在着的任何东西都只是一个，而不可能有很多。这就是科学和知识的含义。无知是多方面的，而知识只有一个……将多数减少到一个就是科学……整个宇宙已经被证实只有唯一一个。科学被称为吠陀哲学。宇宙是唯一的，看似复杂多样的唯一……

现在我们都已经找到并理解了这些变异——我们称之为五种元素：固体、液体、气体、光体和以太。这样存在的状态就是精神的或是在精神之外的。它是在所有这一切变化中显现出来的存在。往后退，固体一定变成液体。元素变化的过程一定是可逆的。固体将变成液体、气体。这就是宏观世界和宇宙的规律。既存在外部宇宙，又存在以太、气体、发光体、液体和固体。

意识也是如此。我与微观世界完全相同。我是精神，我是意识，我是以太、固体、液体和气体。我想做的是回到我的精神境界里。每个人短暂的一生都生活在无限的宇宙之中。因而人是可以在这一生中得到自由的，在他短暂的一生中将有能力过着无限扩展的生活……

我们都要奋斗……如果我们无法达到绝对，我们将到达某个位置，比我们现在更好的位置。

冥想包括将每一个事物分解为终极现实——精神的练习。固体融化成液体，液体蒸发成气体，气体变成其他，那么意识也将融化。一切都是精神。

一些瑜伽士宣称肉体将变成液体等物质。你将能够用它去做任何事情——使它变小，或是化成气体穿墙而过。我不知道。我从未看见有人这样做。但在书里是有的。我们没有理由怀疑书里的东西。

也许，我们之中有人能够在这一生中做这些事。由于我们过去所做的努力，它们就会像闪电一样来临。古代的瑜伽士只需要做一件事就可以完成所有的工作，那就是练习！

你知道，冥想是通过一个想象的过程来实现的。你通过所有这些程序对元素进行提纯——使一个融化另一个，进入更高的层次，进入意识，进入精神，然后你就是精神了。

精神总是自由的，无所不知、无所不能的。当然，它是比不上上帝的。不可能存在很多上帝。这些无拘无束的灵魂是非常强大的，几乎无所不能，但没有一个如上帝一样强大。如果一个自由灵魂说："我将让这个世界这样运转。"另一个则说："我将让这个世界那样运转。"那势必会引起混乱。当我用英语说："我是上帝！"时，你不要误解，因为我没有更好的表达方法。在梵文中，上帝的意思是绝对存在、知识、智慧、发出无限光芒的意识，而不是人，它是不受个人感情所左右的……

我从来都不是Rama（自在天,上帝的人性的一面），而是婆罗门,不受个人感情影响的、无处不在的存在。这里有一大堆泥土。我用泥土做成一只小老鼠，你用泥土做成一头小象。它们都是泥土做成的。当它们都被融化后，它们实际上就是同一。"我与我父是同一"，但融化之前的小老鼠和小象是绝不能成为同一的。

我懂得一点知识，我能到达某处；你拥有的知识更多，你就能到达更远的某处。有一个灵魂是所有灵魂中最伟大的。他就是瑜伽之神自在天。他是一个个体，是无所不能的。他居留在每个人的心里，不需要一个肉体。你通过练习冥想，对瑜伽之神自在天的冥想得到你想要的一切……

通过对一个伟大灵魂的冥想，你同样也能得到你想要的一切，这些被称为目标冥想。因此你开始对某些外部事物、客观事物进行冥想。如果你说了一个长句，那么你就不是在冥想。冥想只是重复地尽力使思想变得集中。冥想意味着思想正退回到自己的位置。思想使一切杂念停止了，使世界停止了。你的意识在扩展，每一次冥想都将使你成长……更努力地练习，冥想的境界就渐渐来临了。你感觉不到身体或是其他任何物体的存在。当你从那个境界中走出来后，你就已经得到了你一生中最美妙的休息。这是你使自己的身体休息的唯一方法，甚至是最深的睡眠也无法与之相比，因为即使在最深的睡眠中，思想也在不断的跳跃。就在冥想的几分钟内，你的大脑几乎是停止的，只有极少的生命活动还在维持。你忘记了身体，你就算被切成碎片也毫无感觉。你在冥想的过程中感到快乐，你变得如此轻盈。我们在冥想的过程中将得到这种完美的休息。

接着，冥想于不同的事物。不同的冥想作用于不同的脊椎中心。根据瑜伽士的理论，脊椎有两大神经，它们分别被称为Ida和Pingala。这两大神经是输入和输出能量流的主要渠道。瑜伽士宣称这些渠道的入口是紧闭的，但在冥想力量的作用下，它不得不打开了。能量被送往脊椎的底部，昆达里尼的力量将会升起，世界将被改变……

有成千上万的神明站在你身边，你看不见它们是因为我们的世界是由我们的感觉来决定的。我们只在外部看到的东西，让我们称之为X。按照自己的精神境界，我们看到Y。让我们以外面那棵树为例。一个小偷跑了进来，在拼命逃跑的过程中他看到树冠中有什么？一个警察。孩子则在树冠中看到一个巨大的幽灵。在等待恋人的年轻人，他看到树冠里有什么？他的恋人。但这个树冠并未发生改变。它仍然是一样的。我们看待上帝也是如此，我们的愚蠢使我们将他视为凡人、尘埃和痛苦。

那些构造相似的东西将自然地聚集到一起，生活在同一个世界。换句话说，你生活在同一个地方。一切天堂和地狱就在这里。例如，几个平面里有一些在某一点相交的大圆圈……这些平面就可以通过这些大圆圈相交的点相互接触。如果思想达到中心位置，你就开始感知到所有平面。在冥想过程中，你接触到另一个平面，你看见其他的生物——空洞的精神，等等。你通过冥想的力量到达那里。你知道，这种力量正在改变我们的感觉，重新定义我们的感觉。在你开始练习冥想的前五天，你将感觉到来自这些潜意识中心的疼痛，你的听力会变得更敏锐……这就是所有印度神灵都有三只眼睛的原因。那是灵魂的眼睛打开了，为你展示精神世界里的东西。在这种昆达里尼的力量从一个中心向另一个中心升起的过程中，它改变了你的感觉，你开始看见另一个世界，那就是天堂。你无法言语。然后昆达里尼下降到较低的中心。当昆达里尼到达脑部时，你又变成了凡人。经过了所有的中心，眼前的一切消失了，你所感觉到的只有唯一的存在。你是上帝。你所看见的天堂、世界都来源于上帝。他是唯一的存在，其他的一切都不存在。

第十四章

专　注

我们拥有的一切知识,无论是外部世界的还是内心世界的,都是通过唯一一种方法获得的——专注。我们只有将思想专注于某一个课题，才能得到任何一个学科的知识。天文学家将自己的注意力集中于天文望远镜……等等。如果你想研究自己的思想，也要经过一个相似的过程。你必须将注意力集中于自己的思想，并退回到思想本身。这个世界上思想与思想之间的差别仅仅在于专注的程度。如果一个人的思想比另一个人专注，那他将得到更多的知识。

在所有伟人的一生中，在过去和现在，我们都可以发现专注的巨大力量。你说，那些人都是天才。瑜伽的科学告诉我们，只要努力去尝试，我们每一个人都是天才。只是有些人也许更适合和更快地成为天才。他们能够做到的，我们每个人同样可以做到，在每个人的体内存在着相同的力量。目前的主题是如何集中思想去研究思想本身，瑜伽士们已经制定了某些规则，接下来我将为你描述这些规则。

当然，专注有各种各样的来源。你通过感觉可以达到专注的境界。有些人在聆听美妙音乐时达到专注，有些人在观赏美景时达到专注……有些人躺在尖锐的铁钉床上时达到专注，有些人则坐在坚硬的鹅卵石上时达到专注。这些都是运用最不科学的方法达到专注的特殊例子。科学的方法是逐步训练你的思想。

有人通过举起手臂达到专注，身体的扭曲给了他想要的专注。但所有这些方法都是非常另类的。根据哲学家们的不同观点，我们可以总结出普遍适用的方法。有些哲学家说我们想要达到的境界是思想的超意识——不受我们身体的局限。对于瑜伽士来说，道德规范的价值是使思想变得纯洁。思想越纯洁，就越容易控制；思想越芜杂，越难以驾驭。不道德的人永远无法将自己的思想专注于哲学的研究。他刚开始可能稍微控制了思想，得到一些听觉的力量……困难在于如果你深入研究，你将会明白特殊力量不是通过一般的科学训练来获得的。试图运用魔力来控制蛇的人将反而被蛇咬死……得到任何一种特殊力量的人将长久地屈服于这些力量。在印度，有数百万人通过各种途径获得力量，他们大多数人在疯狂的吼叫中死去，不少人因思想的不平衡而自杀身亡。

这类研究应该专注于安全的方面：科学、缓慢而平和。首要要求是要讲道德。这样做的人想要神明降临，那么它们就会降临并向他现身。达到完美的道德境界，是我们的心理学和哲学的精髓。想想其中的含义吧！没有伤害，完美的纯洁，完美的修行！这些完全是必要的。想想吧，如果一个人能完美地得到所有这一切，那么他还想要些什么？如果他对待一切生物都毫无敌意……那么有他在场时，所有动物就都放弃了它们的敌意。瑜伽士们已经制定了极其苛刻的规则……这样一个不以慈悲为怀的人永远不能善终；做个仁慈的人吧……

一位诗人曾说："当心灵之花绽放之时，蜜蜂自然会来。"人类也是如此，他们无须交谈……当一个人心灵美好，毫无恨意时，所有动物在他面前都会放下敌意。纯洁也是如此。我们有必要处理好我们与其他生物的关系。我们必须爱一切生物……我们不必看着他人的缺点:这是没有好处的，我们甚至不要去想这些缺点。我们的任务是找出他人的优点，而不是对他们的缺点横加指责。我们的任务是向善。

某某小姐来了。她说："我想成为一个瑜伽士。"她说这话已经20次了。她练习沉思15天后说："这个宗教里根本什么都没有。我已经尝试过了，根本什么都没有。"

精神生活的根基并不在此，基础必须是完美的道德，那是非常困难的……

在敝国（指美国，译者注）有许多素食主义帮派，他们通常在清晨食用几磅糖，然后把剩下的糖撒在地上喂蚂蚁。故事是这样的，当他们其中一个人把糖撒在地上，另一个人就用脚踩在蚂蚁身上。前者说："卑鄙的家伙，你把蚂蚁踩死了！"说完后，他就把后者杀死了。

外表的纯洁是很容易做到的，世界里的一切都朝着外表的纯洁奔去，如果有某种穿上就能够做到外表纯洁的衣服，那么任何一个愚蠢的人都能做到。但是当瞄准思想本身时，纯洁就是难以做到的。

那些做着表面的、肤浅的事情的人都是如此自以为是!

我们往往看不透事物的本质。这些吃饭穿衣的小事! 一个普通的印度人有时一天洗20次澡，使自己的身体很干净。并且他们不去碰触任何人……最粗碎的莫过于表面事物! 如果洗澡可以使人变纯洁，那么鱼就是世界上最纯洁的生物了。

洗澡、穿衣和饮食习惯——所有这些东西在它们作为精神的补充时具有适当的价值……如果正确理解这些东西，那么它们就是有益的;如果不正确理解，那么它们就是有害的……

现在再来讨论坐姿。要试图驾驭思想，就需要采用某种坐姿。任何一种能够使一个人舒服地坐着的姿势，都是适合那个人的坐姿。作为一般规律，你将发现必须使脊柱放松。它并不愿意去承受身体的重量……在坐姿中唯一需要记住的一点是: 采用任何一个使脊柱能够从身体的重量中完全解脱出来的姿势。

接下来是Pranayama呼吸练习……呼吸的方法是被特别强调的……现在我所告诉你的不是从某些印度教派那里拾人牙慧而来的，而是普遍真理。就像在这个国家你们教孩子怎样祈祷一样，在印度，人们教会孩子一些真理。

在印度，人们除了教孩子一两种祈祷方式之外，并不教给他们任何宗教。然后他们开始寻找与自己志同道合的人。他们与不同的人交往，寻找“与我有缘之人”，然后他们就得到启蒙。如果我结婚了，我的妻子可能拜一位男子为师，而我的儿子拜另一个人为师。我和老师之间总是有一些秘密。妻子的信仰丈夫不必知道，他也不敢问妻子的信仰是什么。大家都很清楚对方是不会说的。知道的人唯有自己和老师而已……一个人只教导另一个人，有时你会发现这是有些荒谬的……每个人都因自己挑选的思想而背负着重担，接受另一个人的帮助。这是每一个人的任务，无论是他、他的老师，还是上帝。但所有老师讲经布道时都采用某种普遍的方法。呼吸和沉思是普遍通用的，那是在印度做礼拜的方式。

在刚果河沿岸，我们会看见男人、女人和孩子都在练习呼吸和沉思。当然，他们也有其他事情要做。他们不能在这方面花费过多的时间。但那些将这种练习当作终生事业的人会通过各种各样的方法去练习。一共有84种不同的Sanas（姿势），那些在正确指导下练习的人总能感觉到身体所有不同部位的呼吸和运动。

接下来是Dharana（专注）……专注就是将思想保持在某一个点。当印度的男孩或女孩受到启蒙时，就会从自己的古鲁（印度教的宗师或领袖）那里得到一个暗语。这个暗语是由古鲁的古鲁教给他的，他又将暗语传授给自己的弟子。这类暗语的其中一种是咒语。所有这些暗语都有许多含义，他们秘密地口头传授这些暗语，而不会写出来。他们必须通过耳朵来接收——而不是通过书本——从老师那里学到这些暗语并牢记在心，然后他们沉思着这个暗语……

我有一次曾经像这样沉思，就这样过了整整一个雨季，也就是四个月。我清晨醒来，纵身跃入河里，一次次将我全身的衣服弄湿，直到太阳出来。然后我吃些东西——一点米饭或其他东西。雨季里的四个月！

印度思想家认为世界上没有什么东西是无法得到的。如果一个人想在这个国家赚到钱，他可以通过工作来挣钱。而在印度，他得到一个秘诀，坐在树下，相信钱一定会来。在他思想力量的作用下，什么东西都必定会来临。你可以坐在这里挣钱。这两种方法都是一样的。你将自己的全部精力都集中在挣钱上。

有些被称为哈他瑜伽的教派……他们说世界上最伟大的善就是保持长生不老……他们的一切修行都要依附于身体。20年的修行！他们从小就开始修炼，否则要达到目标是不可能的……哈他瑜伽中有一件事是非常古怪的：当他开始成为一个弟子时，他就得到荒山野岭独自存活整整四十天。他们所学到的一切都在这四十天里……

一位加尔各答人宣称自己已经活了四百岁。人们都告诉我，他们的祖父曾见过他……他每一天固定出行20英里，并且从不走路，而是跑。有时他跃入水中，用泥土把自己从头到尾都包裹起来……在他身上我看不到任何善（他们说，蛇可以活两百年）。他一定很老了，因为我已经在印度游历了四十年，我去过的每一个地方的每一个人都认识他。他的一生都在旅行中度过……哈他瑜伽士吞下一块80英尺的橡皮，又将它吐出来。他每天都必须从外到内清洗身体的每一个部位四十次……

墙壁能使它们的身体保存成千上万年……但这又有什么意义呢？我不想活得这么久。“当天的苦恼就够人受了，别再为明天操心。”一个小小的身体，加上它所有的错觉和局限，就足够了。

还有其他教派……他们给你一颗长生不老仙丹，你就能保持年轻……我需要一个月的时间才能列举完这些教派。他们的一切活动都是在这个方面，在物质世界里，每一天都出现一个新教派……

所有这些教派的力量都在于思想。他们的理念是控制思想。首先集中思想，并将思想保持在某一个位置。他们通常说是在沿脊椎的某一个身体部位或是神经中心。通过使思想停留在神经中心，瑜伽士的全身都得到力量。身体是扰乱他的安宁的一个重大因素，是他的最高理想的对立面，于是他想控制它，使身体保持仆人的身份。

接下来是沉思。这是最高的境界……当思想充满疑惑时，就不是它的最佳境界。思想的最佳境界是沉思。它看着外物，却始终独立于一切事物之外。只要我感到疼痛，我的思想就没有脱离身体的束缚。只要我感到快乐或愉悦，我的思想同样没有脱离身体的束缚。但在最高的境界里，快乐和喜悦是与悲伤和痛苦没有区别的……每一次沉思都是直接的超意识。在完美的沉思中，灵魂实际上得以从繁芜的身体束缚中解脱出来，并且清楚自己的状况。无论一个人要什么，他都会得到。力量和知识已经在那里了。灵魂鉴别出毫无力量的东西，并将它们清除出去。如果自由灵魂想运用任何力量，它都可以做得到。如果灵魂是不自由的，那它就得不到任何力量。已经懂得上帝的人成为上帝，这样一个自由的灵魂没有什么是不可能做到的。他不再有什么出生和死亡，他永远都是自由的。

第十五章

我的生活与使命

（1900年1月27日在加利福尼亚帕萨迪纳莎士比亚会所的演讲）

女士们先生们，今天所要演讲的主题是吠檀多哲学，主题本身很有趣，但听起来却是相当枯燥乏味。

由于在座的女士们、先生们及会长先生要求我讲述一下自己的研究工作，似乎在座各位对此很有兴趣，老实说，我的确不知道怎样向各位介绍，因为这是我第一次讲述这一主题。

现在，为了弄明白这一课题，让我略尽绵力带大家去想象那古老的印度。我们没有时间研究具体细节及课题分支，也不可能在短时间内弄明白国外种族的复杂性，只期望尽我所能向大家描绘一幅粗略的画面。

吠檀多哲学就像一个庞大的建筑爬滚在废墟之上，乍一看，无任何崛起的希望，就像一个国家的消失与毁灭，但是经过等待与研究之后，所见已非如此。一个人只要有信念、有理想，就不会被摧毁。只要活着，便是希望。倘若你的一件外套被偷了20次，无关紧要，因为你可以再买。一个遭到抢劫的富人只要生命力未受到摧残与伤害，便能存活下来，继续创造财富。

我们可以得出结论，所有的事情，贫穷和痛苦都不是最终结果，因为人活着，就有希望。

现在，拿你们的国家（指美国）来说（无批评之意），社会法律、政治制度，所做的每一件事情都有助于人们生活旅游，只要生活在这块土地上便能得到快乐。看看整洁的街道，美丽的城市，人们挣钱方式的多样化，生活愉悦的多渠道，便知一切。但是如果在座各位说“我应该坐在树下思考，我不想去工作”，那你将不得不下牢狱。因为对你来说机会已不复存在。一个人只有走上社会所铺设的轨道才能生存。因此，在社会的轨道上一个人就不得不为取得愉悦的生活而奔波，否则会被淘汰。

现在，让我们回过头来再看印度，如果一个人说“我应该爬上山坐在山顶上，用我的余生去沉思”，每个人都会对他说“去吧，愿上帝保佑你”,他不必说话，一些人就会给他带来一些衣服，这已经足够了。但是如果一个人说“我去享受一下生活”，那么每个人都会把他拒之门外。

我要说的是两国的观念是不同的，我找不出任何原因为什么在座的各位不能坐下并做他喜欢做的思考，找不出原因为什么你们都要做大多数人做的事情?

同样，在印度，找不出原因为什么一个人不应该享有好的生活，不应该赚钱。

在每一个国度，你不得不通过统治阶级所制定的方法去工作，每一个人也不得不用自己国度的语言交谈。现在，在英国或美国，如果你想向那儿的人民宣扬宗教，那就不得不用政治手段，比如，通过公开投票建立组织、社团、选举总统等。因为那是西方人的语言和手段。另一方面，如果你想在印度谈论政治，就必须说宗教语言，比如说“那个每天早上打扫房间的人具有良好的品质，死后会上天堂，或者死后会去见上帝”。如果你不用这种方式说话，他们不会听你的。这是语言的问题，做事情也一样。为了赢取他们的真心，对每一个种族都应该说他们的语言。这就是公平，也不必为此而烦躁不安。

我信守桑雅生教义，桑雅生的意思是“放弃的人”。这是一个非常古老的教义，即使比耶稣诞生早560年的佛陀也信守此教义。在世界上最古老的书籍《吠陀经》中也提到过此教义。古老的印度，有这样一条法规，每个人，在生命即将终结时，必须脱离于现实生活，思考真理和自己的救赎，为即将到来的死亡做准备。所以过去的老人们在早些时候都成了桑雅生，后来，年轻人开始积极的放弃这个世界，他们没有端坐在树下，思考着自己的死亡，而是宣扬并建立宗派。当然，佛陀年轻的时候也不例外，直到年老的时候才在沉思中悄然逝去。

此教义不是教派，也不是信奉教义的教士。教士和桑雅生之间是完全不同的。在印度，教士像社会生活中的其他职业一样是世袭的。教士的儿子是教士，就像木匠的儿子是木匠，铁匠的儿子是铁匠一样，教士必须结婚。印度人认为一个男人有了妻子才算一个完整的人，一个未结婚的人是无权参加宗教仪式的。

桑雅生没有财产也不结婚，甚至没有一个组织，唯一存在的就是导师和学生之间的纽带，这是印度所特有的。在印度，导师受到比父亲更多的尊重，比父亲更加伟大。因为人们认为虽然父亲给了他们身体，但导师却给他们指明了救赎的方法。人们把对导师的爱和尊敬贯彻于生命的始终。有时候年轻的导师教授年老的学生，但是没有关系，年老的学生会说，他是我的儿子，要叫我父亲。

现在，我的导师是一位长者，一个非常奇特的人，他不是一个有智慧的学者，也很少研究书籍。但在他孩提时代，便有追求真理的信念。首先他研究自己宗派的教义，融会贯通后，便从一个宗派加入到另一个宗派，学习不同的宗派教义，直到所有的宗派教义都融会贯通后，便得出所有的宗派教义都是完备的结论，因此认为有许多通道通向同一个目标，他说："有许多通道确是令人兴奋的，如果仅有一条通道，可能仅适合一个人，通道越多，我们寻求真理的机会就越多，就好比我不能用这一种语言，却可以用另一种语言去授课一样。"因此，他受恩惠于每一个宗派教义。

今天，我所宣讲的，除了那些我本人所做出的错误的观点，所有其他完美无瑕思想与观点都是试图去还原这位长者的余音。（参阅马克斯·缪勒所著的《生命语录》《摩克里希那:生命语录》,于1896年首次出版，1951年再版。）

和其他年轻人一同来研习导师教义的时候，我还是个16岁孩子，这群年轻人中有比我还小的，有比我大一旬或更多的。我们不仅要传播这些思想，还要让其更加实用，也就是说通过我们的实践要展现印度教徒的精神、佛教徒的仁慈、基督教徒的活力等。因此我们宣称“此时此地，应及时建立一个普遍接受的宗教”。

我们的导师从来不受金钱的诱惑，食能果腹衣能蔽体足已。严谨的思想使他更加自由，今天和王子朋友在一块用餐，明天可能与乞丐同食同睡，他总是不停的游历，一句谚语“滚石不生苔”在他身上得到了最好的验证。因此，在我生命的最后十四年里，从不敢怠慢一步，像导师一样马不停蹄。我的同学们亦如此。

普世宗教的理论给穷人以极大怜悯，少数教徒已经在实践中发扬了导师的思想，但还远远不够。

我们对于导师的逝去感到伤痛，给予了他最好的安葬。我们周围没有朋友，没有人会听从几个孩子毫无根据的言论。在印度，孩子还不是一个具有成熟思想的人。只要想一想，十几个孩子向人们讲述一些伟大的理论观点并想把理论付诸于实施，没有人不哈哈大笑。但是面对的嘲笑越多，我们的目标就越坚定。

对我个人和所有其他的孩子来说，可怕的时刻来临了。而我所面对的却是不幸，父亲撇下妈妈和我的兄弟们而去，留下一个异常贫穷的家。我是家庭的唯一希望，也只有我才能照料这样一个破烂不堪的家。于是，我开始在两个世界里挣扎，一面照料我的母亲和兄弟，并不停地为他们祈祷，好让他们免受痛苦的煎熬，一面还要宣扬并实施我所坚信的世界上最好的教义。没有人同情怜悯我，谁也不会去同情一个整天充满幻想并可能为别人带来灾祸的孩子。但是有一人例外。

这个人就是我的师母，她的同情怜悯为我带来了祝福和希望。在导师和师母还是孩子的时候他们就结婚了，但从未见过面，长大后，师母来看望对宗教有着无限热忱的导师时，我的导师对她说道："我是你的丈夫，你有权支配我的身体，但我却不能和你过性生活，我把它留下接受你的审判。"师母拭去泪水说道："愿上帝保佑你，如果是女人亵渎了你，我愿意协助你，继续你的工作。"

就是这样一个女人，丈夫成为僧侣后，妻子仍尽其所能给予帮助。后来，丈夫成了伟大的精神领袖，而妻子是其第一个弟子，并倾余生悉心照料他。导师从不知道自己是生是死，抑或是其他状态，一直兴奋于超凡脱俗的忘我境界。

是的，师母是唯一怜悯这些孩子的人，但她同样与我们一样贫穷和无助。我们一起投身于教义的宣扬上。我相信这些教义将带来一个合理化的印度，并将在世界各地生根发芽，与实现教义的广泛传播相比我们所遭受的痛苦就不那么重要了，没有牺牲就无法取得伟大的成就，没有流血就无法成就伟大的事业，在每一个成功事业的背后都会付出代价，承受痛苦和折磨，我们对此毫无置疑。

因此，我们继续，所能得到的只有困难和打击，我们不得不挨家挨户乞求食物，得到的也只有拒绝。我们住在蛇蝎出没摇摇欲坠的破旧房子里，只是因为那是便宜之所。

十多年坚持徒步走遍整个印度，面临上千次的失望，但总有一件事情让我们保有希望，那就是彼此的巨大信念和关爱。在我身边有一百个兄弟姐妹，如果我明天有退缩之意，他们便会发出这样的声音“我们依然在此，我们不会把你抛弃”，这就是祝福。在快乐、悲伤、饥饿或疼痛时，在天堂抑或是地狱里，我的朋友从来没有把我抛弃。只要我们有关爱、有信念、有力量就有团结、有互助，我们就能渡过难关，就能从喜马拉雅山脉走到克摩林角，从恒河走到雅鲁藏布江，而不必祈求上帝的庇佑。

在我们开始旅游之时，慢慢地发觉，90%的孩子是敌对的，只有10%有互助之心。原因是，我们都是贫困苦难中的孩子，习惯于自己的生活方式，没有时间把自己磨砺得温文尔雅、谦逊礼貌。我们就像没来得及打磨的粗糙钻石，丢弃在简陋匣子里的宝石。

不过没关系，这就是人生经历。如果你真的想让别人得到实惠，整个宇宙苍生可能都会抵抗你，但却伤害不到你，因为你是真诚无私的，纯洁无瑕的孩子们也是如此。我们导师一句话一直萦绕在我们耳畔：“我想把含苞待放的花朵，未经触摸的果实安放在上帝的圣坛里”，之所以如此说，只因导师看到了来自加尔各答的孩子们的未来前途。当他说“你将会看到孩子们的变化”时得到的总是嘲笑，但他的信念永不变，“母亲给我以指引，她说她从没有犯过错误，那肯定就是如此”。

十几年来没有任何希望，更苦的是一直以来我们食不果腹，有时一天一餐，两天一餐，甚至三天才能食上一顿粗茶淡饭，有时为饱餐一顿不惜翻山越岭。而所得之食物也已储存数天，坚硬苦涩难以下咽，不得不以河水煮烂而食，长年累月如此，严重损坏了我们的健康。

我们已经在印度做出努力，并且开始在其他国家做一些尝试。有一次，在芝加哥举行宗教会议，我的同伴们希望我去参加，我是一个流浪汉，不在乎得与失，于是带上他们辛辛苦苦凑齐的路费上路了，结果早到了一两个月，走在街头，举目无亲，满眼陌生。

还好，终于等到宗教会议要举行了，也见到了在我孤独时曾经帮助过我的善良朋友。在这的工作很简单，也就是收取资金，准备材料文件之类的，后来我去了英国，再后来为美国的印第安人服务工作。

僧侣们忍痛受饿挨家挨户传播教义，让我在印度的计划得到发展，并受到人们的关注，这就是为什么最贫穷的印度却有着无比高尚宗教思想的缘由。这都是僧侣们的功劳，但是如果你要问，“谁是英国人？”“谁管理着你们？”他们一无所知，但是，他们知道哲理，知道数以亿计的人民等待着教义的熏陶以求过上更加美好的生活，不过一切都还不够。

首先，我必须向大家说明，印度人民怀有巨大的希望，是世界上最温文尔雅的一群人，但从不感情用事，从没有胆怯过，也没有退缩过，他们与恶魔斗争，死亡对于我们来说已经不重要了。

不知道为什么如此善良淳朴的人要承受这样的痛苦，我们听到太多印度人受苦受难的故事，但没有人寻求我们的帮助，他们说“我们可以寻求帮助，可以成为一个好人，但是，对印度教徒来说毫无用处”，这些人不知道种族的历史。如果改变了宗教和体制，就不再是以前的印度了，因为宗教和体制是种族的生命力，一旦消失，你将得不到任何人的帮助。

我们可以为彼此做点什么呢？每个人以自己的生活方式生活着，但是我们可以彼此互助加油，俗话说，条条大路通罗马，这也不失为一个好的方法。没有哪个国度的文明是完美无缺的，只要给予发展的动力，便可以达到目标，而不是试图改变它，一旦改变了国家的体制、风俗及礼节，还会留下什么呢？

但是，一位博学的外国学者说“放弃了几千年所遵从的体制和风俗，就是远离愚蠢，迎来快乐”，这简直是胡说八道。

我们必须互相帮助，首先应在帮助中学会无私，“如果你按照我说的做，我才帮助你”，这能叫作帮助吗？

是的，如果印度教徒想在精神上给予帮助，绝对是无私的。我的目的就是给予，给予我所有的一切。

报应来了，我们试图蒙蔽自己的双眼，但在他们的内心一直有一个真实的自我，他们试图通过施舍善心来换回人们的夹道欢迎，但一切都是自私的，注定是失败的。

我已经讲述了孩子们的故事，今天，在印度这片土地上没有人不知道他们的故事，并深深地为他们祝福，在这片没有饥荒的土地上孩子们也不需要投身于拯救黎民的事业中去。人们慢慢了解到，如若助人的动机是自私的，你将一无所有，如若是无私的，你也将会得到无私的祝福，上帝不会被蒙蔽，因果报应的规律总会得到验证。

因此，我的愿望是普度众生。假如你在印度各地都开办了学校，你仍然不能让所有的孩子都得到教育，你该怎么办呢？所谓山不能移，而人可移，为什么不能挨家挨户授课呢，为什么不能在孩子们所处的地方给他们授课呢。僧侣们在精神层面给人以教导，为什么不在智力层面给予开发呢。耳朵是最好的导师，通过耳朵我们可以了解最美妙的形为准则，等到兴趣与日俱增之时，书本便成了我们的良师益友，我的原则就是坚持不懈。

很高兴已经有了开端，但同时我还想为女士们做点什么。我的原则是：自助。无论是哪个国家的女士，都有权独立，有权决定自己的命运。我不想因此而犯下错误，一旦种下错误的种子，得到繁衍生息，就很难得到纠正。幸运的是，我们已经具有改变女士地位的机遇，就从师母作为开端吧——我们对她尊敬有加，而她也从不向我们发号施令，这就是很好的开始。

第十六章

人类的本质

人类对感官世界的依靠十分执着和坚持。然而无论人们把他们生存和活动于其中的外部世界想象得多么实际，总会有一些人或一些种族，会在他们的有生之年发出这样的疑问：“这所有的一切是否是真实的？”对于那些从未质疑过自己的感官，而且时刻都享受着感官所带来的愉悦的人们，即使这种状态能够一直持续到死亡来临，他们仍旧不得不提出这样的疑问：“这一切是否是真实的？”宗教因为这个问题而产生，而它的最终目的是为了给出这个问题的答案。早在远古时代，我们没有记载下来的历史以供参考，而我们仅仅凭借一些神秘的神话故事集又无法回到文明开化之前那段昏暗朦胧的时期。即便如此，我们依然发现人们在提出相同的问题：“这一切到底如何而来？这一切是否是真实的？”

《奥义书》中最富有幻想的一章——迦塔奥义书，就是以这样的探索开始的：当一个人去世的时候，人们会产生这样的争论：一方认为他永远的消失了；而另外一方坚持这个人依然活着。到底哪一种观点是正确的呢？答案形形色色。在形而上学、心理学和宗教的整个领域内都存在着关于这个问题的各不相同的答案。同时，也有人试图镇压这种疑问，制止人们这种思想上的躁动，它把问题变成了“外面的世界是什么？什么是真实的？”但只要还有死亡的存在，所有这些企图压制人们的这种疑问的尝试都会以失败告终。

我们可以在跟别人聊天的时候说我们看不到外边世界的任何东西，也可以把我们所有的希望和抱负控制在当前的世界里，并且努力不去想这个世界以外的任何东西。除此之外，外部世界的那一切都可能让我们一直停留在当前这个狭窄的空间里。整个世界都有可能联合起来阻止我们扩大目前的世界范围。然而，就因为死亡一直存在，这样的问题就会接踵而至：死亡是否是我们所依靠的所有食物的终结？就好像他们已经真实的不能再真实，物质的不能再物质？整个世界瞬间消失，永远不再。站在悬崖的边缘，远处是无边无际的深渊张着它那庞大的口。无论哪一个人，无论他意志多么坚强都会变得畏缩起来，并且接下来会产生怀疑：这一切是否真实？一个伟大的思想终其一生用尽全力一点一滴逐渐打造的所有希望就要一瞬间消失殆尽。它们都是真实的吗？这个问题必须得到回答。时间从来没有放松过它的威力，相反，它的力量与日俱增。

另外，我们都渴望生活的快乐。我们追逐一切能够让自己快乐的东西。我们疯狂地在物质世界里建立自己的事业。如果你问一个生活很成功的年轻人这一切是否真实，他的回答将是肯定的。而且，他内心真的这样认为。或许，当这个人慢慢变老，发现命运不再眷顾他时，他就会说这一切都是上帝的安排。最终他会发现至少他的欲望无法全部得到满足。无论他走到哪里，他都会发现在他的面前永远横亘着一堵他无法逾越的结实无比的高墙。每一个意识活动都会引起一定的反应。万物皆短暂。喜悦、苦难、奢侈、财富、权利和贫穷——甚至生命本身，都是短暂的。

人类有两种立场。第一种是和虚无主义者站在同一边，相信万物皆空，我们一无所知，并且我们也不可能知道关于过去、未来甚至现在的任何东西。然而我们必须牢记，一个拒绝过去和未来而仅仅承认当前的一切、专注于当前的人，是一个完完全全的疯子。如果这样行得通的话人们完全可以拒绝父母的存在而只承认他们的孩子。这两者之间所蕴含的逻辑是一样的。拒绝了过去和未来，那么现在也就无可避免地被拒绝了。这是一种立场，是虚无主义者的立场。虽然说起来很简单，但我从来没有见过有任何一个人有一分钟能做一个纯粹的虚无主义者。

另外，人类还有第二种立场——去寻求一个解释，寻找真实。他们试图在这个永恒变化而又如此短暂的世界里探索到底什么是真实的。在这个由无数分子集聚而形成的实体中，到底有没有东西是真实的？这样的探索和寻找出现在人类思想历史中的每一个时期。在最远古的时代，我们经常发现人类的头脑中会突然灵光一现。我们发现人们竟然在那个时候就向这个物质世界之外迈出了第一步，发现了一些不属于这个世界的东西（尽管与它很相似），一些更加完整更加完美并且在这个世界消散之后依然存在的东西。我们读过《吠陀经》里的一首写给燃烧尸体的神火的赞歌："带他走吧，神火，用你温柔的臂膀；给他一具完美的躯体，一具辉煌的躯体；带他到神父居住的地方去吧，那里没有悲伤，亦没有死亡……"

我们可以在不同的宗教里发现相同的思想，而且根据它我们可以得到一种新的观点。这是一个十分重要的事实——所有的宗教，无一例外，都认为现在的人是由过去的他堕落所致，尽管它们会用深奥的神学语言、清楚明白的心理学语言或者优美的诗歌来掩盖这一观点。这是一个从所有的圣经和神话故事中得出的事实。现实中的人们是由前世的他们堕落所致。这个道理在印度教的经文中也反复被提到：在人们的思想中有这样一个时期（他们称之为真相的时代），那时人们只要不愿意，他们永远都不会死亡。而且，只要他们乐意，他们可以一直拥有自己的身躯。他们的思想纯洁而坚强。那里没有邪恶，没有灾难。除此之外，印度教的教义还蕴含着这样一种观念，即这个时期是前世那个完美时代因遭受破坏所致。

与此同时，我们对洪水的故事时有耳闻。洪水这个故事本身就证明了这样一个事实，即所有的宗教都认为目前的世界是前世毁灭后形成的。随着以前那个世界不断的堕落和毁坏，最终导致洪水暴发，冲走了人类的很大一部分，从此以后世界开始了新一轮的进化。世界不断地缓慢的发展着，一步步接近原来那种纯净境界。人们都知道《旧约全书》中那段关于洪水的故事。而在古巴比伦、古埃及、古中国和古印度的人民中间，同样流传着相同的故事。

挪亚是古代的一位圣人，有一天他在恒河河畔祷告，忽然发现有一条小鱼向他求救，于是他就把这条小鱼放到了他面前的一只装满水的小钵盂里。挪亚问它："你想要什么？"这条小鱼回答说它正在被一条大鱼追赶，所以需要保护。于是挪亚就把这条小鱼带回了家。第二天早上，小鱼长得和钵盂一样大。它对挪亚说："我不能再待在这里了。"于是挪亚把它放进了一个池塘里，结果第二天早上它就长得和池塘一样大，也不能继续在池塘里待着了。于是挪亚不得不把它放到一条河里。然而第二天早晨这条鱼几乎占满了整条河流。最后挪亚把这条鱼转移到了大海里。这时，这条鱼就说："挪亚，我是宇宙的造物主，我以这样的方式降临，目的是为了警告你，我将用洪水淹没整个世界。你赶快造一只方舟，在里面装上所有的动物，一种动物只装一对；让你的家人都躲到方舟上面。在洪水的远方会出现一片陆地，快速把方舟划到那里。等洪水消散之后，就从方舟里出来并在那片土地上繁衍生息。"于是世界被洪水淹没了，挪亚拯救了全家人的性命，拯救了每一种动物的两只，还拯救了所有植物的种子。当洪水消退之后，他就开始在这片土地上繁衍生息。我们之所以被称为"人类"，就是因为我们是挪亚的后代。

现在，人类语言的目的就是为了试图说出其中蕴藏的真相。

我相信一个婴儿所发出的那些令人费解的声音其实想要表达的是最深奥的哲理。只有婴儿没有表达的器官，也不知道表达的方式。最高深的哲学家所使用的语言与婴儿说出的话语两者之间在种类上没有区别，只是清晰度存在不同而已。人们所谓的现在最精确，最具有体系的数学语言和过去那些模糊的神秘的神话语言所存在的差异仅仅在于清晰度上面。这两种语言背后存在着同一个伟大的理念，那就是要努力去表达自己。通常情况下，这些古老的神话背后都隐藏着最珍贵的事实。然而，很遗憾的是，在那些优美华丽的现代语言背后其实只是一堆彻头彻尾的垃圾。因此，我们没有必要因为某些东西披上了神话的外衣，或者它们与现代社会中一些所谓的权威人士论调不符就摒弃它们。如果人们因为许多宗教声明必须相信这样或那样的先知所教授的神话故事而嘲笑它们的话，那这样的人更应该嘲笑现代社会的这些现象。在现代社会中，如果一个人引用了摩西、佛祖或者基督的话语，他就会遭到别人的嘲讽和鄙视。但如果让他提及赫胥黎、丁达尔或者达尔文的名字，那么别人就会不假思索毫不犹豫地接受。对于绝大多数人来说，只要赫胥黎这样说过，那就已经足够了。事实上我们缺乏权威。一个是宗教上的权威，而另外一个是科学上的权威。只有支持宗教上的权威并且运用它们，我们才能够得到一些关于精神生活上的令人兴奋的灵感。然而如果支持并运用现代科学上的权威，结果只会使我们欲望膨胀，更加贪婪。宗教的权威是神，而现代的权威是肮脏的金钱、名声和权利。这就是两者之间的不同。

继续回到神话这个话题上来，在所有这类故事背后我们发现一条至高无上的理念：人类是由过去的他堕落或者退化形成的。然后，到了现在，我们发现现代的研究几乎完全拒绝接受宗教的这种观点。按照他们的说法，人类是由软体动物进化而来的，以此神话里所陈述的内容都是不正确的。然而，在印度却存在另一种神话，它可以调和两方的观点。印度的神话故事都包含一种循环理论，即所有的运动都是以波浪式进行的。每一次上升都伴随着一次下降，而下降又会引起下一轮的上升；上升继续引起另一次下降，而下降又将伴随再一次的上升。所以运动是循环不止的，即使以现代的研究为基础，人类也不可能仅仅是进化的结果。每一次进化都是以退化为前提的。现代的科学家也会告诉你你从一部机器上获得的能量永远不会超过你事先在它上面注入的能量。任何东西都不可能凭空创造出来。如果人类是由软体动物进化而来的，那么，那些完美的人——佛祖或者基督，肯定是退化成了这些软体动物。如果不是这样的话，那这些巨人似的伟大人物又是从哪里产生的呢？毕竟任何东西都不可能凭空出现。

因此我们是在调和《圣经》中的观点与现代科学观点之间存在的不统一的地方。那种能量通过不同的层面逐渐证明着自己，并且最终变得完美起来。它不是凭空出现的，实际上它随处可见。如果软体动物或者生物原生质是你追踪这种能量的出发点，那么这种原生质在一定程度上肯定已经包含了这种能量。

到底是这种物质集合体——即我们所谓的肉体——导致了灵魂、思想或者诸如此类的“能量”的产生，还是思想证明了肉体的存在？这个问题引起了人们的广泛讨论。宗教当然认为思想证明了肉体的存在，绝对不可能把两者的关系颠倒过来。现代的许多学校在教授学生现代思想这门课程时所持的观点是这样的，即思想只不过是我们肉体的各个部分对周围环境不断适应的结果。如果采纳第二种观点而认为灵魂，抑或是思想——无论我们怎样称呼它——是肉体的结果，是构成身体和大脑的物质进行化学反应或者物理组合的结果，那么我们依然会面临这样的问题:什么事物创造了我们的肉体？何种力量使得分子相互结合形成了身体的现有构造？什么力量能够从周围众多的物质中选取不同的材料以一种方式创造出我的身体，而又用另外一种方式创造出另外一个人的身体？是什么东西制造出这些数不胜数的多样性来了呢？如果认为灵魂是肉体这些分子集合体的产物，那就好比把马车放在了马的前面，完全颠倒是非。这些分子组合从哪里来？是什么力量把它们创造了出来？如果你认为还存在外在的力量，是这种力量创造了分子集合体以及目前看起来与一种特定的物质结合在一起的“灵魂”，那这种力量自身是否是由这些物质性的微粒构成的呢？我们无法得到答案。因此宗教的观点应该被人们接受，因为它能够对大多数事实——如果还不能称之为全部——做出解释，并且与现在已有的理论并不存在冲突。这种利用物质创造了人类肉体的力量与人类肉体自身所证明存在的那种力量实际上是一码事。我想这样的说法是符合逻辑的。

因此，说肉体所证明的思想是分子组合的产物，并不能独立存在，这是毫无意义的，思想不可能从物质中产生，而且我们也能够证明我们所谓的这些物质实际上是不存在的。它仅仅是能量所处的一种特定状态。硬度、强度或者物质任何一种状态都被证明是运动造成的结果。如果液体进行高速螺旋运动，它就能变得和固体一样坚固——就像龙卷风中的气体那样，巨大的气流高速旋转，它们就会变得和固体一样，其能量可以把十分坚固的固体一破两半。一条蜘蛛网上的丝线如果以一个无穷大的速度运动，那它就将和钢链条毫无区别，威力足以把一棵橡树砍倒。这样看来我们称之为“物质”的东西根本就不存在。但是我们也无法证明另外一种观点的正确性。

这股通过人类的肉体而展现自身存在的力量到底是什么呢？然而无论这种力量到底是什么，很明显就是它把物质颗粒按照自己原来的模样组合了起来，这才形成了人类的肉体。没有人能够代替我们控制自己的身体。我从来没有看见过一个人为我吃饭，只能依靠自身来消化和吸收那些吃下去的食物，用食物中的营养来制造血液，生长骨骼。这种神秘的力量究竟会是什么呢?关于未来和过去的种种猜测会吓倒许多人，对于这些人来说，猜测只不过是猜测，无须过多关注。我们只要把目前的一切当做生活的主题就行。然而，我们身体内部这股正在起作用的力量究竟是什么呢?

我们知道在过去的很长一段时间，在整个远古时代，这种力量或者说这种力量的外在表现，都被认为是一种璀璨的物质。这种力量以肉体的形式存在，但不会随着肉体的消失而消失。然而，在这之后我们发现了一种境界更高的观点：这具璀璨的肉体并不能代表这股神奇的力量。人们发现，任何有形的东西都是物质微粒组合而成的，它们需要另外的动力来驱动。如果任何一件有形的东西都需要自身以外的东西来控制，那人类的肉体又会有相同的需求。这种东西其实就是我们所谓的灵魂，即梵语中的自我精神。这种自我精神通过这种“璀璨的物质形式”作用于外在的肉体。这种“璀璨的物质形式”被看作是人类思想的承载物，而“自我精神”是超越了这个范围的，它并不等同于思想，相反，它控制人类的思想，并且能够通过控制人的思想来控制人类的肉体。你有你的自我精神，我也有我的自我精神。我们每一个人的自我精神都是相互独立的，因此我们各自拥有独立的完美身躯。通过这具“完美身躯”我们可以对外在相对粗糙的肉体发号施令。然而人们有关于这种自我精神的疑问随之而来。它的本质又是什么呢？这种自我精神，人类的灵魂，既然它既不同于肉体，又不等同于思想，那它到底是一种什么样的概念呢？人们对此进行了广泛的讨论，做出了无数的推测，同时也举办了形形色色的哲学调查。我将就关于自我精神这个方面所做出的结论加以介绍。

不同的哲学家似乎一致认为自我精神是无形的，没有外表和形状。而无形的东西又一定是无所不在的。时间的存在源于思想的存在。空间亦存在于人类的思想中。如果没有时间这个概念，就不会有因果关系。因为缺少了连续和继承，因果关系就成了无本之木。因此，时间、空间以及因果关系都存在于人类的思想中。由于自我精神超越了思想，无形无际，因此它一定是超越了时间、空间和因果关系。同时，如果它真的超越了时间、空间和因果关系，它一定是无限的。由此我们得出了哲学上层次最高的推论。无限的东西不可能在同一时间存在两个。如果灵魂是无限的，那么世界上只能存在一个灵魂。一些人认为灵魂有多种。每个人都拥有彼此不同的灵魂。然而，这些人所谓的灵魂并不是真正的灵魂。真正意义上的人类灵魂只有一个，它是无限的，是一种无所不在的精神力量。目前的人只不过是这个宇宙大我在一定程度上的局部表现。从这种意义上来说，神话是正确的。因为它认为现实世界的人无论多么伟大，都只是对那个高高在上的“真正的人”的一个不起眼的反映。“真正的人”是一种精神，超越了因果链条，不受时间和空间的束缚。它拥有前所未有的自由。它从来没有被束缚过，也将永远不受任何事物的束缚。而它的反应，即现实生活中的人，受到时间、空间和因果关系的限制。因此它们的行为也会受到束缚。用我们一些哲学家的观点来说就是："表面看它是受束缚的，其实不然。"这就是隐藏于我们灵魂之后的事实——它无处不在，其本质是一种精神，可以无限存在。灵魂是有限的，因此并不存在出生和死亡这种意义上的问题。

有人曾经对孩子进行过测验。测验者给孩子们提出许多十分困难的问题。其中有一个问题是："地球为什么不会掉下来？"他期待的答案是有关地心引力的论述。大部分孩子根本就不知道如何回答这个问题，有少数孩子回答了一些关于地心引力或者其他东西。而其中有一个非常聪明的小女孩以提问的方式回答了这个问题。她问："地球如果下落的话，那它应该落到哪里？"第一个问题应该是荒谬的。地球应该落到哪里去呢？对于地球来说根本不存在上升或者下降的问题。在无限的宇宙中不存在上升和下降的概念。上升和下降只是相对来说的。对于无限的空间来说哪里存在离开和回来的概念？事物什么时候应该回来，又应该在什么时候离开呢？因此，当人们不再考虑过去和将来，当人们因为肉体能够离开和回来而且受到束缚就放弃了关于肉体的种种关注时，人们的认识就上升到了一个更高的境界。身体并不代表真正的人，思想也不是。因为人的思想总是在繁盛和衰落之间交替循环。真正的人是一种超越万物的精神。它能够永远存在。人类的身体和思想都在不断地变化，事实上，这只是一系列变化现象的名称而已——就像河流的水在不停地流动，因此才能够在表面呈现出完美无缺的水面。人类躯体内的物质微粒都在不停地变化。没有人能够在几分钟之后依然拥有与几分钟之前一模一样的身体，尽管我们的身体表面上并没有发生任何变化。所以人类的思想也是这样。前一分钟人还是快乐的，不一会儿就可能开始忧伤起来；有时很坚强，有时却又很脆弱。这是一个永恒变化的旋涡。所以人类的思想不是我们所说的宇宙精神，因为精神是无限的，只有有限的事物才会发生变化。关于无限的事物以任何方式发生了变化的说法，无论如何都是无稽之谈，因为无限的东西根本就不可能发生变化。由于我们的身体都是有限的，所以你能够移动，我也能够移动。宇宙中的每一个宇宙微粒都处在运动状态。但把整个宇宙作为一个单位，看成一个整体，它不会移动，也不发生变化。运动只是一种相对现象。我发生了移动，那是相对一定的参照物而言的。宇宙中的每一颗物质微粒相对于任何另外一颗物质微粒都能够发生位移。但是如果我们把宇宙看作一个整体的话，那它能相对于什么事物而移动呢？除它之外没有任何东西。所以这个无限的宇宙是永恒不变的，它不能移动，它是绝对的。这就是真正的我，即宇宙大我。因此，现实中的我们包含在整个宇宙中，而不是存在于有限的身体里。把人类想象成有限的生物，并且在不断地发生变化，这会让人们的内心感到欣慰。但是无论这种观点多么能够安抚民心，那都只不过是一个古老的妄想而已。

如果告诉人们他们是宇宙生物，无所不在，他们一定会感到恐惧。“你做的每一项工作，走的每一步路，说的每一句话，以及每一次心跳，都证明他们将会一遍又一遍地问你他们还能不能保持自己的个性。”个性是什么？我也很想弄清楚。婴儿没有胡须，然而等他长大成人之后就可能长出胡须。如果人的自我与身体有关的话，那这个人就失去了个性。而且，倘若人类的个性在于身体的话，那么我就会因为瞎了一只眼或者断了一只手而丧失我的个性。这样说来，一个酒鬼永远都不应该改变自己的习惯而戒酒，因为这样会让他失去个性；一个窃贼永远都不应该成为良民，因为这样会让他失去个性。事实上，如果人们害怕失去个性的话，他们永远都不应该改变自身的习惯。个性也不可能存在于人们的记忆里。假设我的头部由于受到严重的撞击而忘记了过去所有的事情。如果个性存在于记忆里，那我会因此失去所有的个性，这就意味着我从这个世界上消失了。如果我遗忘了两三年的童年时光而记忆和存在又是一码事的话，我忘记的任何东西都会消失，似乎它们从未存在过。如果我没能记住生命中的某些阶段，那就相当于在那段时间里我根本没有生活过。这是对个性所下的一个十分狭窄的定义。

在无限的宇宙之外没有个性的存在。这就是唯一亘古不变的前提。任何其他的事物都处在不断的运动和变化当中。我们原本不是彼此不同的个体，我们只是努力想要朝着不同的方向发展。这个过程是无限的。这就是人类的本质特征。他的个体生命存在于整个宇宙中。我们越多关注那些受限制的东西，我们就以更快的速度向死亡迈进。我们的生命存在于整个宇宙，存在于所有人的身上，而我们却只在我们所关注的范围内活着。这样微不足道的生命肯定要以死亡作为结束。这是一个很简单的道理，也透露了人们害怕死亡的原因。只有当人们意识到只要宇宙中还有一条生命存在，那他自己就依然活着的时候，这种对于死亡的恐惧才会被彻底征服。如果一个人能够说："我的生命存在于一切事物和一切人身上，我存在于所有的生命中，我就是宇宙。"那这个人就将变得无惧无畏。在无时无刻不在发生变化的事物身上谈论永生是荒谬的。一位年长的梵语哲学家说："只有宇宙精神是有个性的，因为它永恒不变。"无限的事物无法分割成一堆碎片，它永远都是完好的整体。这才是有个性的，真正的人。现实中的人只是在努力表达或者证明这个超越了他们自身的个性。宇宙精神不会发生进化。

世界上的事物总在不断变化，邪恶的人会变得善良，动物也在不断的朝着人类的方向进化。你可以按照自己的喜好把它们看作任何一种东西，但绝对不能把它们看作宇宙精神。它们是自然进化的结果，是宇宙精神的一种外在表现。假设在你面前有一面屏风可以把你隐藏起来，但是在这面屏风上有一个小孔，我可以从这个小孔中看到若干个你的面孔，但只是很少的几张而已。如果现在这个小孔逐渐变大，那我面前的景色就会越来越多的暴露出本色。等到最后这面屏风完全消失之后，我就能够与你的面孔面对面了。但在这个过程中你从未发生过任何改变，发生改变的是屏风上的那个洞。随着这个洞的扩大，你逐渐表现出本来的风采。精神世界的情况与此相同。你没有可能变得比现在更加完美，因为你已经是自由的，十全十美的了。

是从谁那里产生了宗教和神灵的想法，又是谁在苦苦追寻来世？为什么人们要寻觅到属于自己的神灵呢？为什么无论在哪个国家，什么社会，人们都期待自己能够在一个人、神或者是其他一些地方存在一个完美的理想化身？因为产生这样想法的人是你自己。通常你都感受不到自己心脏的跳动，却误以为那是外界事物活动的结果。事实上，是你自己身体里存在的神在驱使你来寻找和认识它的真面目。你在寺庙里、教堂里、人间、天堂到处寻找，然而在进行完漫长的找寻之后，你将最终皈依自己的灵魂。绕了个大圈，却回到了刚开始启程的地方。而且你会发现，你找遍全世界想要找到的人，你在教堂或者寺庙里对之流泪和祈祷的人，被你当作世界上最神秘的人物来对待的人，原来就是你自己，就是你的生命、你的肉体以及你的灵魂。

那个自我体现的就是你的本质。你需要承认这一点，并且自己去证明它的真实性。现在你已经非常纯洁，不可能会比现在更纯洁。你已经完美无缺了，不可能有机会变得比现在的状况更好。大自然就像一道屏障，把事实紧紧地掩藏了起来。你的每一次美妙思维或者行动都能帮你不断地揭开这层面纱，它所掩盖的那些纯洁性、无限性和幕后神灵就会不断的展露开来。这就是人类的全部历史。随着这层面纱越来越稀薄，它后面的光芒就照射得越来越强烈——因为散发光芒是它的本质。

那个自我是人们无法了解的。我们所有的努力都是枉然。如果你说它学识渊博，那这个学识渊博的它就不可能是“自我”本身，因为“自我”是一种永恒的东西，而知识却是一种客观上的有限的概念。“自我”是世界万物永恒的主题，是宇宙——即你自身永恒的观察者。知识，就像过去一样，处于一种较低的层次，是退化的结果。我们已经成为那个永恒的事物，所以无法理解它本身是怎么回事。

这个无限的自我就是每个人的本质，它总在努力用各种各样的方式来阐明这一点。如若不然，怎么会有如此繁多的道德模式呢？我们该如何去解释这些伦理道德？在所有这些形式多样、名称千变万化的伦理道德中，有一个核心的理念——善待他人。人类最首要的动机是对人要宽厚，对生命应仁慈，但这些不同的表达方式表达出的事实是相同的，即我是宇宙，宇宙是一个整体。如果不是这样，那该如何解释这种情况？我为什么应该善待自己的同类？是什么促使我这样做呢？答案是——同情心和无所不在的同一感。无论多么冷酷的心都会有同情别人的时候。如果一个人得知这些假定的个性到头来只是妄想，坚持个性是一种并不体面的行为，那他会感到十分害怕。但是他会告诉你所有道德的核心是严格的自我克制。怎样的自我克制才是最完美的呢？最完美的自我克制要求克制这种明显的个性，克制所有的私心。

之所以产生“我”和“我的”的概念，是由于过去封建思想的影响。现在的自我消失得越快，真正的自我就能够越清楚的展示出来。这才是真正的自我克制，是所有道德教育的核心、基础和要旨。无论人们是否知道这一切，全世界都在不断的朝着这个方向发展，并且在实践中体现出来，只是绝大多数人在做这类事情的时候都是不自觉的。设法让人们自觉地去做这些事情吧！让他们明白“我”或者“我的”并不是真正的自我，只不过是一个小范围而已，从而使他们学会献身。现实生活中的人只是背后所隐藏的无穷无尽的事实的一瞥，是无限火焰所闪耀的一朵火花。无穷才是人类的本质。

这种知识的作用和效果是什么呢？它会产生何种后果？在当前的年代我们不得不对物品进行估价，测量它们代表多少英镑、先令或者便士。人们不禁会问：“如何像测量效用或者金钱价值那样来衡量真理呢？倘若真理没有效用，那真理的可信性就会大打折扣吗？”我们不能用效用来衡量真理。然而，真理却蕴含着最高的价值。我们知道，每个人都在寻求幸福。然而大多数人想要从中获取幸福的对象却是短暂和虚幻的。我们永远也无法通过感官寻找到幸福，没有人能够仅仅通过感官上的娱乐就感触到真正的幸福。真正的幸福只能深入到灵魂深处去找寻。因此，人类最高的效用是从灵魂中所寻找到的幸福。

接下来还有一个观点，即无知是所有苦难之母，而无知最基本的表现就是把无限的自我看作是有限的，并且认为它会哭泣流泪。这就是无知的根源——我们本来是永恒的、纯洁的、完美的灵魂，但自己却认为自己思想空洞，身材矮小。这是自私的开端。一旦认为自己的躯体是矮小的，人们就会去调养和保护它，尽量使它看起来漂亮一些，甚至不惜以牺牲他人的身体为代价。如此一来，每个人就都成为相互分离的个体。只要这种“分离”的概念在脑海里产生，所有的苦难将接踵而至。而这就是知识的作用——如果现如今生存的人类中有一小部分可以忘记自私、狭隘和渺小，明天我们所生存的这个地球就会变成一片天堂。但是随着机器的产生，物质财富的提升，这种可能永远都不会变成现实。这些现象只会导致越来越多悲剧的产生，好比在火上浇油只会使火越烧越旺。如果没有关于宇宙灵魂这方面的知识，那所有关于物质的知识都只能起到火上浇油的作用。只能给自私的人类提供更多的武器使得他们去抢夺原本属于别人的东西，使他们为了谋生而牺牲他人利益，而不是为了别人的利益而勇于献身。

然而这样的做法是否具有可行性是另外一个问题。在现代化的社会有人去身体力行吗？真理不会臣服于任何社会，古今一概如此。社会必须服从真理，否则就会走向灭亡。社会的模型必须建立在真理的基础之上。真理无须去适应社会。如果在一个社会中人们不去践行“无私”这个颇具权威的真理，那还不如远离社会而回归原始森林。那样才算是富有冒险精神。

勇气有两种类型。一种是直面机关炮时所拥有的勇气，另外一种是精神信念上的勇气。曾经有一个国王在侵略印度期间被他的老师建议去会见一下当地有名的圣人。在一段长途跋涉之后，这位国王发现一位年迈的老人正在一块石头上坐着。国王在和他进行了短暂的交谈之后，立刻对他的智慧有了深刻的印象。他邀请这位老人和他一起回国，但老人拒绝了。他说：“不，我对目前所拥有的这片森林已经相当满意了。”国王说：“我会赐予你金钱、地位和财富，我是全世界的主宰。”“不”，老人回答说，“我并不在意那些东西。”国王又说：“如果你不跟我走的话，我会杀了你。”老人平静地笑了一下回答道：“国王，这是您这辈子说过的最愚蠢的一句话。您不可能夺走我的性命。狂风不能把我吹干，烈火无法把我烧死，利剑亦不能将我刺死。因为我是无生、无死、生命永恒，而且权威无限、无所不在的‘精神’。”

这才是精神信念的大胆，其他的，只能算是虎狼之辈的骁勇。

在1857年暴乱期间有一位伟大的学者被一个反叛者刺成了重伤，正义之士抓住了这个人，并把他带到这位学者面前，提议把他杀死。但是学者抬起头冷静地说：“我的兄弟，你就是他，你就是他！”随后他就断了气。这就是另外一个典型的实例。

如果你们没有办法让你们的社会与真理相一致，如果你们没有能力建设一个与最高真理相吻合的社会，那谈论你们的肌肉如何有力，你们西方的机构如何权威，又能带来什么好处呢？如果你站起身来就说这样的勇气不合实际，那在这里雄心勃勃地谈论你的伟大又有什么益处呢？难道除了英镑、先令和便士就没有任何可行的方法了吗？如果这样，你们的社会为什么还存在这样的远大抱负呢？只有最高真理在一个社会能够被贯彻执行的话这样的社会才是最伟大的。那是我个人的观点。如果现存的社会还不适合最高真理，那就让社会尽早变得适合，而且，越快越好。

男人们，女人们，让我们站起来吧！秉承这样的精神，勇敢地相信真理、实践真理。世界需要几百个如此大无畏的人们。勇于明白真理，勇于展示生活中的事实，勇于面对死亡，在死亡来临的时候身体不会颤抖，或者说随时欢迎死亡的到来。这一切都是因为他们的无畏才能做到的。这种无畏让人们明白自己就是那个宇宙大我，在整个宇宙都没有东西能够夺取我们的性命。随此之后，你就是自由的了，你将知道自己真正的灵魂是何物。

“人们一开始只是对个体灵魂有所耳闻，然后会进行反复不断的思考。”在现代时期人们有一个明显的倾向，即过多的谈论工作或者谴责他人。行动是件好事，但行动之前必须经过思考。所谓的工作只不过是能量通过肌肉而散发出来的一个小小证明。但是如果没有思想，就没有工作这回事。因此，让我们都用最优秀的思想来武装我们的大脑，把它们昼夜都置于面前。只有这样才能产生优秀的工作。停止谈论自己的不纯洁，开始坚信我们纯洁无瑕。我们认为自己渺小，我们被别人给予生命并且将会死亡。这是因为我们一直沉迷于这样的思想中，所以才会时不时的感到恐惧。

从前有一头狮子强壮而威猛。有一天它外出捕猎，看到了一群羊，就扑了上去。在猎杀的过程中这头狮子死掉了，但它生下了一头小狮子——一头自出生便成了孤儿的狮子。那群羊开始照顾这头小狮子并把它抚养长大。小狮子在羊群中长大，每天都吃草，而且发出和周围的羊一样咩咩的叫声。即使它已经完全发育成了一头成熟的狮子，它依然认为自己是一只羊。有一天，另外一头狮子外出捕猎，恰好碰到这头狮子在羊群中间站着，而且在危险来临的时候和其他羊一样四处逃窜。它感到十分诧异。于是它尝试着接近这头“羊狮”并告诉它它其实不是一只羊，而是一头狮子。但是这只可怜的“羊狮”一看见这头狮子靠近就赶紧逃跑。然而，这头狮子继续寻找机会来靠近它。终于有一天，狮子发现“羊狮”睡着了，就悄悄走到它身边对它说：“你是一头狮子。”“我是羊！”羊狮哭喊道。它不相信这个完全颠倒的事实，一个劲咩咩叫着。这头狮子把“羊狮”拖到湖边说：“看这里，这是我的倒影，那是你的。”“羊狮”看看狮子，再看看自己的倒影，一番比较之后，它终于明白：原来自己是头狮子。它长吼了一声。从此之后它再也没有像羊一样叫过。

你们都是狮子。你们就是宇宙精神，纯洁而且完美。宇宙的威力就蕴含在你的身体内部。“我的朋友，为什么你要哭泣？对你而言无生亦无死；为什么你要哭泣？你不会生病亦不会有悲苦。你就像无边无际的天空，各色云彩飘来，在这里嬉戏过后消失散去，而天空总是永恒的蓝色。”

为什么我们会看到瑕疵呢？在黑暗里立一个木桩。一个小偷走过来，他说：“那是一个警察。”一个等待自己爱人的年轻人看到了，认为它是自己的甜心。一个已经听说过鬼故事的孩子以为那是鬼，吓得浑身颤抖。但是，不管什么时候它一直都只是一个木桩。我们都是在从自己的观点来看待世界。假设房间里有一个婴儿，在他身边的桌子上放有一袋金子。一个小偷进来偷走了这一袋金子。这个小婴儿会知道金子被人偷走了吗？所以说我们的内心是什么样，我们看到的外部世界也将是什么样的。所有的知识都遵循这个道理。

不要再谈论世界的缺点和它所背负的罪恶。如果你的眼中都是瑕疵和罪恶，那真的很悲哀。如果你想为这个社会提供帮助，那就不要再谴责它，不要让它变得更加软弱。那些罪恶和悲苦除了会是软弱的结果，还可能会是别的吗？全社会由于这样的教育而变得日益软弱。人类从小时候开始就被教育说自己是软弱的，是有罪的。我们应该告诉他们，他们都是很棒的孩子，将来会获得永生。即使对于那些在现实生活中表现最差的孩子，我们也应该这样教育他们。让每个人从小的时候开始头脑里就充满这些积极、坚强和有益的想法。让自己接受这样的想法，而不是那些消极软弱的想法。你要在心里对自己说："我就是他，我就是他！"让这些想法像一首美妙的歌曲昼夜在你的脑海里回荡，即使死亡来临也不会消失。这就是真理。你拥有全世界的无限力量。把那些覆盖在你头脑里的迷信思想驱走吧。让我们勇敢起来。让我们认识真理并且践行真理。可能目标比较遥远，但一定要保持清醒，站起来不要放弃，直到目标实现的那一天！

图书在版编目 (CIP) 数据

胜王瑜伽：禅是之道 /(印)辨喜著；周小丽，冀文珍译．
— 北京：中国华侨出版社，2009.01 (2020.10 重印)
ISBN 978-7-80222-818-4

Ⅰ．①胜… Ⅱ．①辨… ②周… ③冀… Ⅲ．①瑜伽术
-基本知识 Ⅳ．① R214

中国版本图书馆 CIP 数据核字 (2008) 第 208448 号

胜王瑜伽：禅是之道

著　　者 / (印) 辨喜
译　　者 / 周小丽　冀文珍
责任编辑 / 王　晖
责任校对 / 志　刚
经　　销 / 新华书店
开　　本 / 889 毫米 ×1194 毫米 1/32 印张 /8.5 字数 /200 千字
印　　刷 / 三河市祥达印刷包装有限公司
版　　次 / 2009 年 5 月第 1 版　2020 年 10 月第 2 次印刷
书　　号 / ISBN 978-7-80222-818-4
定　　价 / 48.00 元

中国华侨出版社 北京市朝阳区西坝河东里 77 号楼底商 5 号 邮　编：100028
法律顾问：陈鹰律师事务所
发行部：(010) 64443051　　传　真：(010) 64439708
网　址：www.oveaschin.com　　E-mail：oveaschin@sina.com